敘愛

雖然無法給予他們完整的救助
但我們給予他們的是完全的愛

Great Love for Syrian Refugees

We cannot give them all they need, but we can give them all our love

目　次

第一章 苦難　何時能畫上句點？　　16

驀然回首，家、工作、生活已然成為泡影。

第二章 親鄰有難　關懷不間斷　　56

難民援助，如佛典故事中麻雀救火，
用翅膀上的水滴往返山海間，千萬度！

第三章 # 用愛造一棟千萬人的家　118

打造一個能容納千萬人的家，那個家就是大愛。

第四章 巴爾幹的「中途之家」　224

一雙鞋、一頓熱食、一件禦寒衣被，
伴他們等待一個茫然的未來。

第五章 流浪的終點　266

終點即是起點，一切從零開始，走向幸福的人生。

人間有難　菩薩情長

「菩薩所緣，緣苦眾生」，何處有苦難，人間菩薩總是及時伸援；我們不僅要為天下苦難人，也要為逃難的人去付出！

敘利亞是文明古國，民生富庶，只因為人心、想法的不調和，一念之間就讓這個國度釀成這麼大的苦難。很多人為了要保住生命，流落到他鄉外國，居無定所，不知何處是兒家？多年過去，實在是苦不堪。

然而，愛的能量不分國界，只要有土地，種子總是可以適應任何的氣候，這就是愛的種子、菩薩的種子、善的種子，到處都有布善種子的機會。

約旦，收容了許許多多的難民，雖然當地受證的慈濟人不多，只有陳秋華等幾位佛教徒，但也帶動起一群不同宗教的志工那一分很真誠的心。約旦慈濟人從 2012 年開始救助敘利亞難民，看到難民逃難時，人一邊跑，炮彈一邊打，前仆後繼，前面的人倒了，後面的人還是繼續逃，這種逃難方式，沿路都是血，很淒慘啊！他們用雙腳跑過那條國界線，生命就留下來；留下來的生命，不一定人人都是健康，有的人受傷累累，實在是很苦！

六十多萬人住在沙漠上的難民營裡，帳篷搭在廣闊的土地上，經過這麼多年了，帳篷不知破了幾頂？風吹襲、雨水淋、地面濕，這上千個日子到底是怎麼過的呢？更苦的是受傷者，他們不只是住在難民營受盡苦難，生活也真的很難過。

這一群苦難人，把慈濟人當成自己的親人；慈濟人救拔著他們，尤其是他們的孩子，從幼小開始就是難民，跟著父母流落在他鄉異地，過的是又窮又苦的生活。孩子有病怎麼辦？慈濟人就伸出援手幫助他，而且如家人一樣地照顧。慈濟人與這些苦難眾生，培養出一種溫馨的感覺，這就叫做「覺有情」。期待所有慈濟人，要心生覺悟，覺悟到世間疾苦偏多，要以虔誠的心長期來付出。

此外，在土耳其伊斯坦堡那一群敘利亞難民孩子，他們原本有好好的家園，現在卻流離失所，過著無依無靠的苦難日子，他們心裡所種下的又是什麼樣的種子？六、七歲，八、九、十歲，頂多到十一歲，這樣年齡的孩子必須打工養家，我聽了好心疼！所以，我跟土耳其慈濟人說：「能不能回去找市長，大家合力溝通，為這些孩子提供正式的教育，能有學歷；讓他們小學正式畢業，讓他們中學正式畢業，讓他們高中正式畢業，將來也許還有機會去讀大學。說不定讓他們這樣地接受教育，還有慈濟人給予他們的溫暖，能化解仇恨。」

土耳其胡光中居士一家人都是慈濟種子，他們在當地經營，已十餘年，這一次因為胡居士的耐心、愛心，堅持著這一念心，與市政府籌辦滿納海敘利亞難民學校，讓這一群原本得去打工養家的孩子，因為慈濟人的出現，給予他們等額的工資，讓他們的家庭能維持生活，得以上學，安心讀書。

看到這一群孩子消弭仇恨，而且啟發愛心，也都在響應「竹筒歲月」，繼續地點滴累積（捐款），匯聚起來去幫助當地更苦難的孩子。這是一種愛的循環，啟發了他們愛的能量。臺灣與土耳其距離那麼遙遠，仍然可以把這一念心結合在一起。2016年2月臺灣臺南的地震，還有7月臺東太麻里遭受尼伯特風災，他們也是付出愛心，回饋臺灣。從新聞畫面看到他們比起了「感恩」的手勢，這就是愛的語言，語言不通，可是手語可以通。這種愛的能量很令人歡喜，可以造福人間。

不管他信仰什麼宗教，共同的那一分愛，就像敘利亞主麻教授所說的：「有一個家可以容納百萬人，或者是千萬人，或者是幾十億人，這個家叫做『愛』。」是啊！愛心可以開闊到無窮無盡，誠如佛陀對我們說：「心包太虛，量周沙界。」我們人人的心可以開闊到遍虛空法界，只要心中有愛，就可以讓人人發揮那一分幫助人的力量。

看到孩子心中的仇恨抹消掉了，我很安心。他們現在所感受到的是普天下人充分的愛。這種愛的種子，在他們的小小心靈裡播下了。

看看苦難地方，中東國家人禍不斷，包含敘利亞在內的難民四竄，不僅在約旦和土耳其，也已經影響到了歐洲國家。歐洲的難民太多了，很多國家都開始無法承受，所以就關關卡卡在封鎖中。從希臘要穿過馬其頓，都已經堵住了，以致有很多難民滯留在那裡；馬其頓再往前，就是塞爾維亞。

2016年初，來自十二個國家的慈濟人，暫時放下私事，不畏路遙前往塞爾維亞，為過境的難民發放冬衣。正巧遇到馬其頓的關卡封閉起來，能過關的人是少數。所以慈濟人每一天發幾百份的物資，給他們全套的禦寒衣物，一個個地比量他們的身材，好像父母對兒女一樣地膚慰、疼惜。同時慈濟人也跟這一群難民孩子互動，教育他們如何互愛、如何排隊、如何有禮貌，這都是人間菩薩用心的付出。

還有波士尼亞的志工也在塞爾維亞，他們總是每天投入整理難民營的環境，與難民互動。來自德國的范德祿居士，儘管罹癌，行動有點困難，仍然抱病作先鋒，與當地政府協調溝通。同樣來自德國的楊文村居士，當十天的簽證到期時，也捨不得放下難民，他並未返回德國，而僅出境至鄰國又再入境，延長簽證時間，繼續付出。

歐洲的慈濟人，儘管為數不多，可是他們隨分盡力，膚慰難民的心靈，幫助難民的生活。德國慈濟人會合眾人之力付出，也在德國帶動當地志工投入關懷，即使與難民的國籍、種族、信仰都不同，他們仍用真摯的誠意和尊重的心送暖，讓人看到世間最寶貴的誠之情誼與無私大愛。慕尼黑的范德祿居士和陳樹微師姊，前往市區附近的一處收容中心關懷難民。眼見當地氣候開始轉涼，擔心收容所裡的孩子受凍，因此為他們募集禦寒的衣服；孩子的需求滿足了，大人才能夠安心。

德國中部的佐斯特市，也有一位慈濟人鐘家隆居士，他是當地臺商，不但出借場地舉辦愛灑活動，也接引公司的員工齊心付出，會聚各地遠道而來的慈濟人，用愛關懷、安頓在附近難民營的苦難人。大家齊聚一堂，志工們透過歌曲〈一家人〉的帶動，拉近彼此的距離。同時，慈濟人用心準備

了中國料理，以待客之道對待難民，也邀請老師走入難民營開班授課，教難民說德語，輔導大家朝向光明的道路前行，燃起對未來的希望。

北美的加拿大也歡迎逃難的難民，已經有幾萬人進到加拿大了。然而，難民們來到加拿大，雖然有人作保，已經開始租房屋住，但是逃難期間，所有的積蓄都已用盡，儘管租了房屋，生活也有問題。加拿大慈濟人進一步去了解，開始提供幫助，當他們去家訪的時候，看到難民席地而睡，連炊具都沒有，於是就去張羅、勸募二手家具，不管是鍋爐、床鋪、椅子、桌子，回收回來都再整理一下，齊全地送給他們，把他們的生活都安頓好。

這都是慈濟人所布的善種子，傳播出愛的能量。天地之間，人人都是一家親。當志工們看到難民穿上暖衣、吃了熱食，內心也充滿法喜，感受到能夠付出的幸福。或許我們無法給難民永遠安居樂業的地方，不過，在過程中已盡心盡力付出、陪伴。

但願敘利亞等國能早日和平，讓這一群人可以回家鄉重建家園。我們現在要努力的，是人與人之間要有愛，人與人之間要有一家人、共同體的心念，也就是佛陀教導我們的「無緣大慈，同體大悲」，和我們沒有緣故的人，和我們沒親沒情、沒有任何關係的人，我們的愛還是要普及到，我們還是要關心他、愛護他，因為人人在天地之間都是共同體。

希望慈濟人與難民的互動，能種下一粒粒愛的種子，願他們將來到達平安的地方，生活改善後，也可以幫助人，彼此不斷付出，讓愛循環。

釋證嚴

天涯無依　愛為家

賴睿伶

敘利亞內戰——這個將在歷史上留下重要刻痕的事件，因為人心不調及各種意識型態的衝突，造成數百萬龐大的難民潮，無邊的苦難，湧向了亞洲其他國家、歐洲，甚至延伸至美洲，演變成全球性的難民問題。

慈濟從事人道援助工作已經五十二年，且在全球九十四個國家地區留下慈善足跡。1991 年，孟加拉水患，慈濟美國總會募集善款，再將善款轉交美國紅十字會予以災區援助，開始慈濟國際慈善援助的足跡。從那之後，累積發展出直接、重點、尊重、務實、感恩和及時這六項救災的原則。

「直接」，是直接發放物資予受災者，不轉由第三方進行；「重點」，在安全無虞下，選擇重災區援助，將有限物資提供給最需要的人；「尊重」，尊重當地政府、法令與文化、宗教等差異；「務實」，資源有限，提供的物資力求務實適用；「感恩」，志工以感恩心付出，不求回報；以及「及時」，掌握時效，即時提供關懷與扶助。

然而，災難的發生，往往都不是事先所能預測的，加上各地種族、宗教、國家、文化、法令、地理環境等等的差異，和及時賑災的需求，也讓急難援助行動，必須擁有更大的彈性、應變和對應性，才能在短時間內滿足受難鄉親最重要的需求，顧及身、心、靈的照護，達到慈善援助的目的。

因此，慈濟依循著佛法「菩薩所緣，緣苦眾生」、「人傷我痛，人苦我悲」以及「慈悲喜捨」，付出無所求的精神，聽聞苦難現前，同理受難者的悲苦。只要是慈濟志工腳走得到、手伸得到的地方，就會予以援助，沒有所謂固定的 SOP，完全考量適時、適地、適事、適人，給予最需要援助。

難民援助，對慈濟來說並不陌生，但要在戰亂頻仍，宗教、種族、文化衝突不斷的中東地區，以一個佛教團體來從事難民援助，就顯得更加不容易。但慈濟仍以跨宗教、種族、文化的慈悲理念，尋求各種管道，予以援助。

10

1998 年內戰綿延的阿富汗，因遭逢地震亟待援助，慈濟透過美國國會議員結識了洛杉磯騎士橋國際救援組織（Knightsbridge International INC.），共同送入毛毯、食物、藥品，二度援助當地的難民。

2003 年，波斯灣戰爭爆發，伊拉克與約旦邊境的魯威西（Ruwayshed）難民營湧入大量逃難民眾，約旦慈濟志工提供礦泉水、衣物、糖、茶葉等等物資，5 月 13 日至 15 日結合約旦最大慈善機構之一哈希米組織進入伊拉克，到距首都巴格達五十公里的醫院進行發放，三十噸的物資雖然有限，但具有指標性意義。

此次，面對數百萬敘利亞難民湧出，位於敘利亞鄰國約旦、土耳其的慈濟志工，在人力僅有個位數情況下，亦積極投入，苦難在哪裡，慈濟志工的腳步就跟到哪裡，即使遭遇困難，也不願缺席。

約旦慈濟志工陳秋華，一開始被拒絕進入約旦的敘利亞難民營關懷時，就改從營外難民開始關懷，逐步再進到難民營裡面發放，即使發放物資時曾險些遭遇搶劫，也不忍放棄那些真正有需要的難民，現在更為數百位無肛症等孩童援助手術，挽救寶貴的生命。

土耳其慈濟志工胡光中，從跟著街頭行乞的敘利亞孩童回家，找到敘利亞難民聚居的地方，開始一一訪視的工作，瞭解難民生活的情形，接著他回到臺灣尋求慈濟本會的支持之後，與土耳其蘇丹加濟市合作興辦敘利亞難民學校——滿納海中小學，開始補助敘利亞難民家庭，讓他們的孩子離開童工的工作，重返校園讀書，現在已有三千六百位學生入學，讓難民家庭重新擁有希望的未來。

2016 年歐洲慈濟志工前往塞爾維亞難民中繼站發放冬衣，沒想到卻遭遇到歐洲各國陸續關閉邊界，限制難民入境。於是，援助轉向對滯留塞國難

民的長期關懷行動。德國、加拿大慈濟志工也對敘利亞移民展開雙臂歡迎，協助他們安家、學習當地語言，讓他們能盡早融入當地社會，找到工作。

證嚴上人曾說：「苦難的人走不出來，有福的人就要走進去。」亟待地球村的親鄰們，能與慈濟共同以更寬廣的胸懷，接納、包容、撫慰難民，以愛止息仇恨，在難民最需要的時刻，幫助他們走出更美好的未來。也期待透過本書，讓不曾親自接觸過敘利亞難民的讀者，也能體會難民所苦，「見苦知福」下，更加感恩、愛護自己所生活的土地，就如一位曾經接受幫助的敘利亞難民，感恩之餘更虔誠地祝福慈濟志工：「願在我們國家所遭受的苦難，永遠不會發生在你們的土地上。」

謹以此書，祈願全世界人人皆能以愛互助，誠情相待，早日達到證嚴上人「人心淨化、社會祥和、天下無災無難」的願望。

出版起源

攝影：黃筱哲
2016.12.28

　　日出日落依舊，對敘利亞難民而言，家已沒入天邊，他們如飛鳥般尋覓著棲息之處。一路走來，難民鄉親示苦相說法，讓慈濟人見證到人生的無常，每一頁都是令人不捨的印記，每一頁也都是十方大德的祝福！縱然是一面之緣，無論您們此刻身在何處，那一條回家的路上，鏡頭雖沒有盡頭，慈濟人仍會一路陪伴。

德國

奧地利

斯洛維尼亞

克羅埃西亞

波士尼亞與
赫塞哥維那
聯邦

義大利

塞爾維亞

馬其頓

希臘

歐 洲

地 中 海

非 洲

圖示說明

難民逃難路線

慈濟關懷敘利亞難民之地區

敘利亞難民逃難路線圖

亞

黑　海

土耳其

敘利亞

黎巴嫩

伊拉克

洲

約旦

苦難，何時能畫上句點？

蟇然回首，家、工作、生活已然成為泡影。

懷抱著一絲憧憬離開故鄉，難民就像被納入巨流的小水滴，推擠著彼此向前漫流，有人在旅程的中途，走上了人生的終點；有人幾經掙扎，又重返失落的起點。但不論離開故鄉多遠，逃不掉的總是形影不離的苦難……

受到「茉莉花革命」的影響，敘利亞從 2011 年爆發內戰，歷時多年仍未休止，數以百萬計的人們被迫逃離家園，成為難民。根據聯合國難民署（UNHCR）於 2017 年 6 月 20 日「世界難民日」發布的統計估算，迄至 2016 年底，全球因衝突而被迫流離失所的難民人數，達到前所未有的六千五百六十萬人，平均每分鐘有二十人被迫逃離家園，而且一半以上（51%）都是未滿十八歲的難民兒童。跨國避難的難民約二千二百五十萬人，創 1950 年聯合國難民署成立以來的最高紀錄，其中敘利亞難民佔了五百五十萬，是全球最大的難民來源國。

大部分敘國難民逃往鄰國土耳其、黎巴嫩及約旦尋求庇護，但也有人希望在更富裕的國家取得居留許可，於是敘利亞的難民潮與伊拉克、阿富汗等國的難民匯流，一同冒險走上「巴爾幹之路（Balkan route）」——從土耳其渡海到希臘，再行經馬其頓、塞爾維亞、克羅埃西亞、斯洛維尼亞、奧地利，最終抵達德國、瑞典、法國等歐洲國家。

面對龐大的難民潮，許多國家陷入國家權益與人道援助的兩難；因應中東、非洲等地區的難民，歐洲部分國家基於人道精神開放邊界，也有國家囿於已簽署〈聯合國難民地位公約〉，必須承擔起收容難民的責任。然而龐大的難民潮，已逐漸超出各國的負擔，甚至衍生社會問題，形成「歐洲難民危機（Europe's refugee crisis）」，讓原本許多敞開庇護大門的國家逐漸緊縮，甚至關閉。

攝影：蕭耀華
2012.12.31

2012 年設立在約旦札塔里（Zaatari）
的難民營，面積廣達七平方公里，
一望無際的白色帳篷，收容躲避
烽火被迫離開敘利亞的人，當時
已容納超過六萬人。

攝影：蕭耀華
2012.12.31

札塔里難民營到處可見戰禍傷殘
者。

第一章

苦難，何時能畫上句點？

攝影：黃筱哲
2016.12.28

位在沙漠地帶的阿紮來卡（Azraq）
收容超過三萬八千名敘利亞人，
它是約旦境內的第五座難民營。
難民走過九死一生，故鄉已不堪
回望，地平線的那端似乎飄來一
絲希望的氣息，一家人只能繼續
前行。

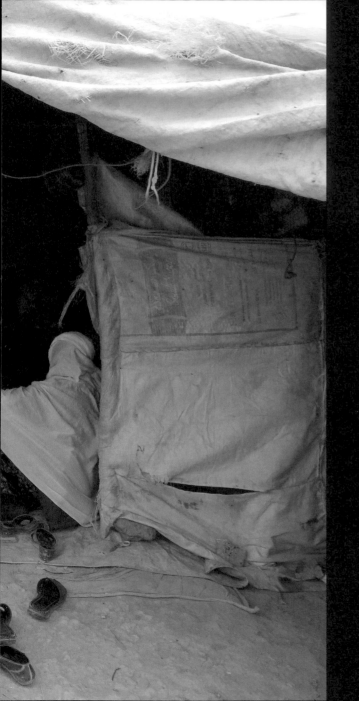

攝影：陳秋華
2016.05.03

約旦馬夫拉克（Mafraq）札塔里
（Zaatari），尚未獲准進入難民
營的人在帳篷散戶區等待，一無
所有的日子一天接著一天，但一
定要撐住！活著才有機會。

攝影：蕭耀華
2014.11.08

在土耳其清晨時分，露宿在伊斯坦
堡街頭的敘利亞難民，在店家開門
之前必須離去。

第一章

攝影：余自成
2014.12.01

在土耳其的敘利亞難民，沒有流浪街頭的，生活也很困頓。

攝影：余自成
2015.10.30

在希臘愛琴海度假島嶼科斯島，
湧入大批中東難民，大多來自敘
利亞。難民冒險搭橡皮艇渡海，
往往都在生死一線之間。

第一章

攝影：余自成
2015.10.30

一批批難民走海路湧入歐洲，抵
達希臘海岸之後，老老少少在路
旁席地而坐，稍作休息。

苦難，何時能畫上句點？

第一章

攝影：蕭耀華
2016.02.29

他們終於抵達前往歐洲必經之路
的中途，但許多的變化仍舊考驗
著這一群群離鄉背井的人。

苦難，何時能畫上句點？

攝影：王明珠
2016.01.09

塞爾維亞阿德塞微西（Adasevci）
難民中繼站外停著一輛輛的巴士，
難民在此短暫休息，接著就前往
車站改搭火車到克羅埃西亞。

攝影：蕭耀華
2016.02.29

在塞爾維亞希德難民營（Sid）裡，
難民心情苦悶無處傾訴，只能默
默一天等過一天。

穿越邊界

穿越邊界是每位難民必須面對的艱鉅考驗。這一路上，有人為阻隔的國界；大自然的分界——沙漠、山河、海洋重重的險阻；疾病、死亡的威脅；還有面對種種困頓挫折時，意志撐持不住的臨界……都讓這趟難民之路，顯得咫尺天涯、難關重重。

幸福與困頓僅是一線之隔、一念之遙。

攝影：蕭耀華
2013.01.12

高低落差超過五百公尺的蘇內比（Athneibeh）谷地，北為敘利亞，南接約旦，敘利亞難民只要能安全越過谷地，即可進入約旦尋求庇護。以往被視為國境邊界的天然屏障，現在反成了敘利亞人逃離烽火的天險關卡。

攝影：蕭耀華
2013.01.12

位於約旦北部南薩地區的蘇內比
（Athneibeh）谷地邊防據點，機
槍兵隨時警戒監視敘利亞邊境；
鐵絲網後方為臨時收容所，接應
冒險越界的敘國難民。這裡提供
熱食及簡易醫療，難民在略事休
息後即轉送難民營安置。

攝影：蕭耀華
2016.05.17

約旦北部與敘利亞接壤，綿延約三百七十五公里，
幾乎是一望無垠、無人居住的沙漠。一波波敘利亞
人行走三到五天不等的時間，抵達靠近約旦洛克班
（Rokban）和哈達拉（Hadalat）兩地的邊境，在尚
未獲得約旦政府放行期間於沙漠中搭帳篷而居。但
在開放特定時刻，老人、婦女和小孩優先允許進入
約旦邊界，領取水、食物和接受醫療。

驚懼的童眸 ————————

童眸是最清澈明亮的瑰寶,童言是最純淨的話語,
此刻卻映照著人間最殘酷的槍彈血雨,讓人情何以
堪?

十歲的艾雅(Ayya)抬著頭問慈濟志工:「叔叔,
你的家會有飛機丟炸彈下來嗎?」艾雅隨著家人從
敘利亞逃難到約旦,已經在阿紮來卡(Azraq)難民
營住好一陣子了。

她很喜歡這群穿著藍衣白褲來發放食物的外國人,
總是跟前跟後地幫忙。聽了艾雅的童言童語,慈濟
志工憐惜地說:「這裡很安全,妳不用害怕。」

「我不怕冷,我也不怕餓,我什麼都不怕喔!我只
怕炸彈把我炸死……」艾雅的聲音有點顫抖。志工
鼻子酸了,眼眶紅了,將她摟在懷裡告訴她:「妳
不要害怕,妳每天都要保持微笑,我們一定會再回
來看妳。」

一轉身,志工背對著艾雅,眼淚就簌簌地落在荒土
上……

————

攝影:蕭耀華
2013.01.12

在約旦南薩市的敘利亞難民婦女,
儘管疲憊不堪,為了孩子還是勉
力撐下去。

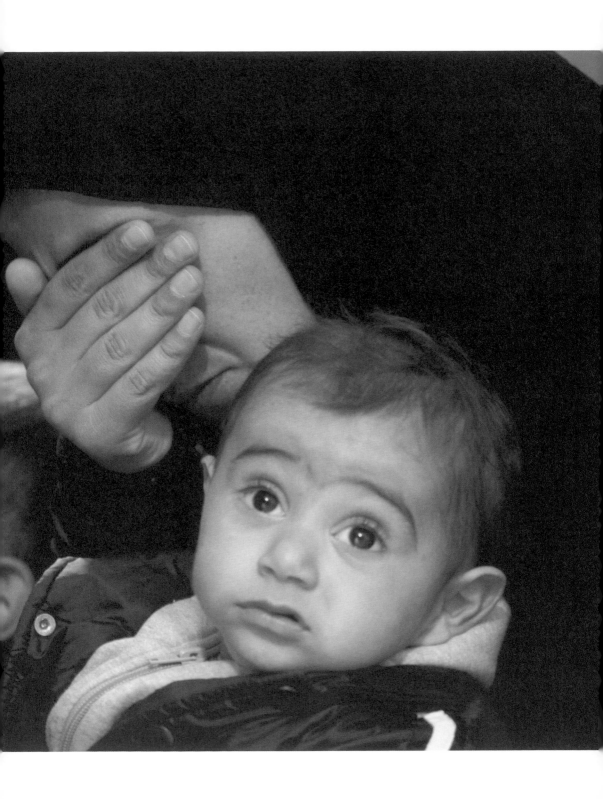

苦難，何時能畫上句點？

攝影：黃筱哲
2016.12.25

約旦馬夫拉克札塔里難民營營外
帳篷散戶區，難民居住在沙漠荒
地中，簡陋帳篷如何抵擋寒冬的
來臨？無辜的孩子就在這樣的環
境中一天度過一天。

第一章

苦難，何時能畫上句點？

攝影：慈濟約旦分會提供
2016.12.25

約旦已入冬了，天寒地凍居住在
馬夫拉克札塔里難民營的孩子，
腳上穿著拖鞋、破舊的球鞋，身
上穿的是薄衣，此處物資貧乏，
亟需援助度過嚴冬。

攝影：周如意
2015.05.12

土耳其伊斯坦堡省蘇丹加濟市的敘利亞難民孩童，歷經戰亂遠離家園、生離死別，心中充滿對戰爭的恐懼，畫裡呈現飛機、直升機、坦克車、飛彈、子彈、軍人等戰爭畫面。

攝影：周如意
2015.05.12

逃難到土耳其的敘利亞難民，經歷許多的生離死別，小朋友的繪畫作品裡，天空下起雨，一如悲傷的心情。

苦難，何時能畫上句點？

攝影：余自成
2017.06

阿布杜拉（Abdullah）的父親穆漢
默德（Muhamad），八個月前從
敘利亞霍姆斯（Homs）偷渡來土
耳其，沒有居留證，只能打零工
維生；太太四個月前帶著兩個兒
子前來團圓。「土耳其很美麗，
有腳踏車、公園和甜點。」窗前
的阿布杜拉，向慈濟志工描述他
的新家園。志工問他，想回敘利
亞嗎？他愣了一下，仰望高窗外
的藍天：「不要，那裡的阿兵哥
身上揹著槍，媽媽說不能去外面，
我們躲在家裡，吃得很少。敘利
亞太遠了，而且太多炸彈，我會
怕，我不要回去……」當下志工
很震撼，他才三歲半啊！

苦難，何時能畫上句點？

用愛陪伴

雖然無法給予他們完整的救助，
但我們給予他們的是完全的愛。

這條「難民之路」上，不同國家的慈濟志工在沿途
許多地方，為難民付出關懷與提供協助，從鄰近敘
利亞的約旦、土耳其開始，一直到巴爾幹之路的塞
爾維亞、中歐的德國等地，甚至遠在美洲的加拿大，
許多獲得居留權的敘利亞難民，也都接受到慈濟志
工的關懷與協助，在他鄉展開新生活。

這群志工中有佛教徒、基督教徒，更有穆斯林，大
家不分宗教種族，共同一念不捨難民的心，投入幫
助這群苦難人。這裡面所見證到的苦難，所投入的
愛心之多、之深，正如證嚴上人所說：「用皮來當
作紙，用骨來當作筆，用血來當作墨，也寫不盡人
間的疾苦，也寫不完真正用心去愛人的那份能量！」

攝影：陳怡伶
2014.03.01

約旦慈濟志工陳秋華（右）、傑
米（Jameel，左）扶著逃到約旦
的阿梅爾（Amer Dalati，中），
他因逃難過程中腿不幸遭炸傷，
到慈濟義診處求診。

苦難，何時能畫上句點？

攝影：詹進德
2015.10.19

土耳其慈濟志工與從臺灣來的慈
濟志工，恭敬地將現值卡致贈給
土耳其的敘利亞難民，傳遞的是
一分感恩、尊重與愛。

第一章

攝影：余自成
2015.01.24

位於土耳其的敘利亞難民學校，
滿納海中小學開學第一天，怕生
的孩子哭著要找媽媽，慈濟志工
胡光中、周如意在旁安慰著。

攝影：蕭耀華
2016.03.09

在塞爾維亞，歐洲慈濟志工趨前問候一個敘利亞家庭，他們剛搭長途巴士抵達阿德塞微西難民中繼站，滿臉疲憊地蜷縮在高速公路旁的空地。

苦難，何時能畫上句點？

親鄰有難　關懷不間斷

難民援助，如佛典故事中麻雀救火，
用翅膀上的水滴往返山海間，千萬度！

從上個世紀中葉起，約旦這個位於戰亂頻仍的中東地區國家，就一直以人道主義原則，成為鄰近國家難民的避難所，從早年的亞美尼亞難民、巴勒斯坦難民、伊拉克難民，一直到近年來的敘利亞難民。當敘利亞內戰愈演愈烈，越界前來尋求庇護的難民與日俱增，約旦政府遂於 2012 年與聯合國難民署合作，在邊境成立八個難民收容站，其中最大的札塔里（Zaatari）難民營，在難民日增下，已成為全球第二大的難民營。

敘利亞難民的大量湧入，引起約旦慈濟志工陳秋華的關心，他在 2011 年底、2012 年初兩度從首都安曼北上靠近邊界的馬夫拉克省（Mafraq），為敘國難民發放食物、毛毯等物資。其後，位於臺灣的慈濟基金會本會也提供支援，發起援助專案計畫，除了募集逾十八萬件禦寒衣物及毛毯之外，並且核撥經費給予慈濟約旦分會，作為援助難民食物、日用品等生活物資採購，以及緊急醫療費使用。

難民援助行動似乎已經就緒，然而實際的救助工作執行起來卻是困難重重，因為難民歷經家破人亡之痛，加上生活環境艱困，情緒並不穩定，當時主管難民營事務的哈希米組織（Hashemite Charitable Organization）基於安全考量，婉拒了慈濟志工入營發放的好意。

陳秋華無奈之餘，一念心轉：「約旦、敘利亞兩國語言相通，信仰、習俗相近，人民時有互動，聯姻也十分普遍；敘利亞難民在約旦籍親友的擔保下，可以居住在難民營外且行動自由，但也意味著房租和生活費都要靠自己。當逃亡時帶出來的錢花費殆盡，工作又不穩定，生活無以為繼時，只好被迫行乞等等，是否就將關懷重心先放在營外的難民？」

於是他在自己教導的跆拳道學生介紹下，與關懷營外難民的阿爾塔卡富慈善組織（Al-Takaful Charitable Society）合作，由該組織提供名單、場地，讓慈濟志工直接發放物資給難民。

2012 年 11、12 月在邊城南薩共完成五場發放，為四千四百四十戶散居在該市的難民提供生活用品與食物，同時也藉此在南薩進行家訪，將亟需濟助的難民家庭，列為長期照顧戶，並根據此模式延伸關懷首都安曼的敘利亞難民，每月提供補助金、食物與日用品，也會視各家庭狀況，予以助學或醫療費用等急難所需，持續展開對敘利亞難民的關懷。

攝影：黃筱哲
2016.12.27

札塔里難民營面積廣達七平方公里，敘利亞人逃離
家園暫時容身於此，何時返家是一個未知的數字，
人生多變，一切都須從零開始。每個難民營層層相
隔的鐵籬圍牆是為維護安全與秩序，住在這裡的人
是富翁、教授、醫生、律師……

都已是過去，現在皆是一無所有的「難民」。

親鄰有難　關懷不間斷

攝影：黃筱哲
2016.12.27

難民營地處荒漠，缺乏基礎水利
設備，居民必須每日步行至取水
站提水使用，感受到用水的可貴。

攝影：周幸弘

2016.12.25

許多家庭歷經逃亡過程，男主人
已身亡或殘廢，傳統的敘利亞婦
女很少與外人接觸，現在必須擔
起一家責任，領到物資那一刻減
緩內心的無助，卻難掩面紗底下

十天的幸福

數百萬的敘利亞難民，有數百萬個令人心碎的故事，阿里的故事只是其中之一……

四十二歲的阿里（Abdullah Ali），來自敘利亞烽火連天的北部大城阿勒坡（Aleppo）；一場毫無預警的空襲，炸毀了連他家在內共三十戶的一整條街，瞬間倒塌的房屋壓斷了他的腳踝和膝蓋。

一無所有，也無家可歸的阿里，帶著太太和十個孩子，隨著邊境的慈善組織，不斷地搭車、走路、換車、再走路，歷時五天五夜的逃亡後，終於到達約旦邊境，一家人被送往阿榮來卡（Azraq）難民營，阿里的雙腳也因為缺乏及時的救治而殘廢了。

棲身在難民營中，阿里被分配到兩間簡易屋，屋裡一方水泥地上，僅僅鋪著聯合國難民署送的塑膠帆布，冰冷的寒氣從腳底竄上全身；兩個單人的軟墊和幾條慈善團體發的薄毛毯，就是他們全部的家當。

阿里的家人分住兩間房，但只配有一個暖爐；在每個漆黑的夜裡，阿里蜷縮著身體，想著家人要如何受凍捱過這寒氣逼人的夜晚，他默默地流淚、深深地自責。

聯合國難民署發給每位難民一個月二十元約幣（約新臺幣九百元）購物券，但難民營裡商店販售的物價較高，阿里一家人的購物券只夠應付十到十五天，接下來每天就只能靠大餅充飢。而慈濟這個月發放給他的大米和豆子，可以讓一家人有十天的溫飽，

三天的奮鬥

南薩地區一位敘利亞孕婦懷孕九個月，胎兒有問題需要緊急手術，但卻找不到贊助的費用，而且也沒有醫院願意冒風險手術，最後只有一家伊斯蘭醫院願意收留為她動手術。

手術後，醫院原本估計嬰兒活不到兩小時，沒想到卻撐過一天，於是緊急請求慈濟援助。由於北部邊境城市醫院無法為這位嬰兒動手術，慈濟志工阿布湯瑪斯的醫生女婿為他安排到首都的安曼特別醫院，陳秋華代表嬰兒的家人前往醫院確認後，醫療人員開始進行注射。嬰兒的體重一點六公斤，心臟跳動不規律，身體弱小，不宜動手術。依醫生的經驗判斷並不樂觀，慈濟志工盡人事、聽天命，給予祈禱與祝福。

2015 年 10 月 15 日下午，志工再次抵達醫院探望這位早產女嬰，不到五分鐘，醫生就宣布嬰兒心臟停止，結束僅有三天的短暫生命。

由於敘利亞難民不准離開居留的南薩地區，嬰兒的父母無法前來領回大體，慈濟志工盡力與醫院和警察部門溝通協調，希望能代表嬰兒的父母領回大體，歷經兩個小時，終獲同意。

當慈濟志工陳秋華、阿比爾、漢娜三人專程送女嬰回到南薩交給父母親時，阿比爾代表證嚴上人慰問女嬰的雙親，整個場面悲淒哀傷，嬰兒的家人衷心感恩慈濟人的協助與付出。

攝影：陳秋華
2015.10.14

慈濟志工阿比爾（Abeer
Aglanm. Madanat，左）
憐惜著小小生命，希望
能為苦難的生命帶來一
線生機。

攝影：陳秋華
2015.10.14

因難民身分不能離開居
住地南薩市，慈濟志工
阿比爾代表女嬰父母與
醫院溝通就醫事宜。

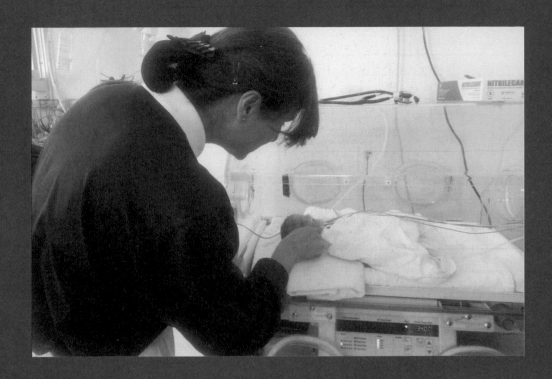

親鄰有難　關懷不間斷

畫出美麗的家園

有了慈愛，難民孩子們的畫畫裡，子彈和血雨消失，美麗的家園開始出現了……

安曼北部的「慈愛之家」，收容三十一個敘利亞單親難民家庭，有單親媽媽及四十二位孩子。他們之前曾在難民營度過兩年多的時間，後來在敘利亞教長穆汗慕德找到援助後，租下一棟五層的大樓來安置他們。

約旦慈濟志工於 2015 年底開始進入慈愛之家關懷。每個月定期發放救急金，還提供大米等日常生活用品，也幫慈愛之家成立安親班，以工代賑的方式，聘請慈愛之家五位高學歷的媽媽，為二十五位在約旦公立小學讀下午班的敘利亞孩童進行課業輔導。

志工回顧剛開始請孩子們畫自己的家，都是飛機丟炸彈及家屬被炸死的畫面；現在志工們在孩子們的畫裡，看到的都是充滿感恩，呈現他們心中理想與夢想的美麗家園。

2016 年底，約旦慈濟志工又再幫助另一所也是收容單親媽媽和孤兒的「慈心之家」，安曼慈心之家原是敘利亞商人協助難民的安置中心，無奈戰火始終沒有停歇的跡象，資助出現困難，一旦資助中斷，將會波及孩子受教育的機會，因此約旦慈濟志工開始每月提供物資援助，並給予學齡兒童助學金繼續求學，讓這些弱勢家庭得以有安定的生活。

攝影：周如意
2015.05.12

小朋友的繪畫，大家手牽手歡樂無比，內心期盼戰爭停止，早日重建家園。

攝影：陳秋華
2015.11.29

「慈愛之家」收容敘利亞單親媽媽及孤兒；慈濟定期關懷，志工傑米（Jameel Mohamed Hreez，左）在孩子群中發放禦寒衣物、糖果給小朋友。

親鄰有難　關懷不間斷

慈濟一直找到我 ─────────────

沙德（Sader）與志工分享從敘利亞城市霍姆斯（Homs）逃到約旦的情況。當時房子被炸毀，母親及大兒子往生，他決定帶著太太、四個殘障的兒子、一對正常的小兒女，全家逃往約旦。

在沙漠逃亡的十天，沒水、沒食物。每走一公里，他就走回頭抱殘障的老二，這樣反覆地、一步一步地前往約旦邊境，結果另一個殘障的兒子往生了，就地將兒子埋葬後，他哭不出來，因為還要再往安全的約旦前進。

在繼續逃亡的過程中，他們喝髒水、吃乾燥的大餅。沙德和太太非常感恩，最後因為約旦軍人的慈悲，救了他們一家人。在安曼，雖然得到聯合國的購物券及醫療，卻付不出房租，但這個時候慈濟人出現了，幫助他們全家。

約旦志工前往住在爪哇區（Jawa）附近的敘利亞難民沙德家中，這裡每月定期關懷並發放物資——米、糖、馬豆、茶、食油、芝士、洗衣粉、消毒用品及補助金。

沙德全家看到慈濟志工的到來，格外興奮，他兩個星期前聽朋友說，有一個慈善組織完成一件不可思議的善事。之後，他就從許多親戚朋友傳來的訊息中，得知慈濟志工為換人工骨盤的阿汗穆德舉行重生的聚會。沙德非常高興地告訴親友，這個團體是慈濟，慈濟志工還會舉辦牙科義診，幫助敘利亞人。

為了節省房租，沙德一家人搬到爪哇區的帳篷區，沒想到慈濟志工又跟上來了，在那裡設學校，讓他的兒子和女兒能夠上學。尤其兒子在逃亡中心靈受傷，不願離開母親去上學，到那邊幾個月後才回復正常。

遺憾的是，不到一年，約旦政府就將帳篷區移除，沙德全家被送到阿桀克難民營，幸好承辦單位不忍心，特准他們遷出難民營。這個時候，慈濟志工又找到了他們。對於這兩年半來慈濟志工的援助及陪伴，讓沙德和太太不知如何形容感恩之意。

攝影：陳秋華
2015.10.19

慈濟志工定期訪視敘利亞
難民照顧戶沙德（左）一
家，發放並給予生活補助
金。

攝影：陳秋華
2015.06.29

敘利亞難民經常搬遷，慈
濟志工需定期訪視與尋找，
發放大米等物資及熱食。
因為照顧戶沙德（左一）一
家人與慈濟志工。

平安就是報恩

二十四歲的阿汗穆德經過一年的流浪，從約旦返回敘利亞後，常常傳來一家人溫馨的生活照。因為他非常瞭解，他和家人的平安幸福，就是對慈濟志工最好的回報和感恩。

2014 年 10 月，因為內戰，阿汗穆德盤骨和右足掌受到槍傷，必須配裝人造骨盤，但因價格昂貴，求助無門，躺在約旦的醫院（Al-Bayader Surgical Hospital），八個月無法得到醫治。慈濟志工阿比爾（Abeer Aglanm. Madanat）多次與骨盤公司及主治醫師三方協調，為了阿汗穆德個人及家人前途，決定協助手術費用，為他配裝人工骨盤。

手術前，正逢齋戒月結束，約旦舉國歡慶，家族聚會、買新衣、大家吃吃喝喝慶祝，但醫院裡卻冷清無人。沒想到，慈濟志工陳秋華竟然在此時走進醫院，輕輕搖醒阿汗穆德，代表證嚴上人和慈濟送給他過節的阿拉伯餅。感受到如家人般的關懷，阿汗穆德壓抑已久的情緒瞬間崩潰，他哭著向陳秋華說：「我想念兩個女兒和剛出生四個月未曾謀面的兒子，近一年來我一直躺在這裡，直到你們出現，才帶給我無限的希望！」

2015 年 7 月 27 日，高風險的手術順利完成。甦醒後的阿汗穆德緊握著志工的手，堅定表示要活著回敘利亞和家人團圓。因為他的太太是巴勒斯坦難民，至今仍未取得敘利亞國籍，只好帶著兩個女兒和男嬰，天天在敘利亞躲空襲。

休息將近兩個月，醫生終於宣布阿汗穆德可以出院，回敘利亞團圓！出院前一天，慈濟志工們、敘利亞商團慈善組織，還有醫生、護士十六位參加這場祝福茶會，慶祝阿汗穆德重生！

如今，阿汗穆德已回到敘利亞的家，他逢人就說，自己的腳是慈濟幫忙治好的，他也常常會傳來他和三個孩子的照片給陳秋華，歡喜和慈濟家人報平安。

攝影：陳秋華
2015.07.30

手術後，慈濟志工漢娜
（Hana Salfiti，左）探視
阿汗穆德。

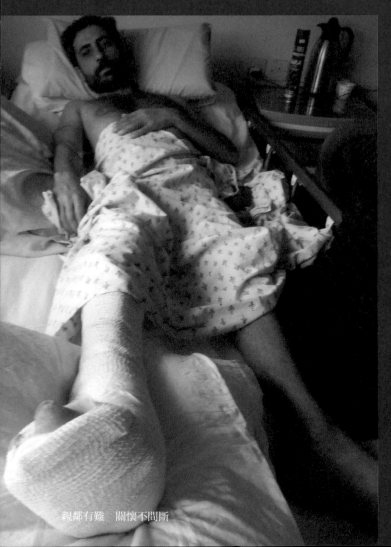

攝影：陳秋華
2015.09.16

敘利亞難民阿汗穆德被
子彈打穿肚子及骨盆，
需置換人工髖關節，右
腳掌變形也需要進行整
型手術，因國際組織停
止醫療援助，無法後續
治療；慈濟志工前往醫
院探視後，決定贊助手
術醫療費用。

親鄰有難　關懷不間斷

攝影：陳秋華
2015.09.19

阿汗穆德即將出院返回敘利亞，
慈濟志工送蛋糕慶祝重生。

攝影：陳秋華提供
2015.09.19

經過慈濟協助與陪伴，阿汗穆德即將出院返回敘利亞，志工送蛋糕慶祝重生。（後右起）漢娜（Hana Salfiti）、阿布湯瑪斯（Said. S. H. Kaytoka）、陳秋華、阿比爾（Abeer Aglanm. Madanat）、莉莉（Lily）、傑米（Jameed）。阿汗穆德經過慈濟志工數個月的陪伴，在回到闊別一年多的家鄉敘利亞之後，傳回了一張照片報平安。

攝影：慈濟約旦分會提供
2015.10.13

在流浪的盡頭團聚

敘利亞難民湯尼（Tony）的太太伊曼（Eman）在敘利亞內戰時躲避轟炸，不慎撞到樓梯，眼角膜位移，全家逃難到約旦後，慈濟志工曾經援助藥品及交通費用，治好伊曼的眼疾。2015年6月，伊曼隻身又歷經千辛萬苦，逃到德國並取得難民護照。

不料，抵達德國後，伊曼卻生了一場重病，透過德國大使館請求援助，希望留在約旦的先生湯尼及十三歲的兒子齊亞（Diaa）、九歲女兒拉加達（Raghad）能前往德國照顧。

慈濟志工陳秋華深刻瞭解難民生活的艱辛，也渴望能成就湯尼一家人團聚，於是幫湯尼及孩子申請敘利亞護照，歷經四個月的等待，終於取得德國大使館簽證。臨行前，志工特別為湯尼和他的兒女舉辦「慶生」祝福會。2016年4月24日晚間，湯尼家族的成員都到齊，一起分享喜悅，慈濟志工也捐贈機票祝福他們。

湯尼的爸爸感恩慈濟每個月提供補助金、奶粉，如今又協助兒孫一家團圓，心中感恩難以形容！27日，陳秋華與慈愛、濟仁三位慈濟志工前往安曼機場送行，經過

約旦、德國兩地慈濟人接力協助下，湯尼全家終於在德國機場相擁團圓。

「我們無法回饋給慈濟任何東西，只有內心深處的深深感謝，感恩給我們希望和關懷……我們感受到慈濟的人道精神、不分宗教和種族的愛！」湯尼經慈濟志工三年的陪伴，愛的接力下，終於前往德國與妻子團聚。

「我們永遠不會忘記你們給予的協助，讓我們一家能有團圓的喜悅！」湯尼感恩兩地慈濟人愛的接力。

歷經戰亂、家人分散，所幸三年來一直有慈濟人愛的陪伴，湯尼抵達德國後執筆寫信感恩證嚴上人，「您的大愛滲入了我們的小小心靈，為世界帶來希望與和平。我的孩子與母親團聚了，這一切要感恩您的大慈悲心。您在世界上撒播無數愛的種子，將會茁壯成長，而慈濟將會在這個世界搭起和平及安穩的橋梁。當我們失去家園抵達約旦，慈濟就陪伴在我們身邊，人道的尊重及甜美笑容，讓我衷心地感謝您們，也不會忘記您們對我在德國的太太，所給予的協助與慈悲……」

攝影：陳秋華
2016.04.27

幸運的湯尼和子女在
慈濟志工協助與陪伴
下，即將前往德國與
太太團圓；志工在機
場為湯尼父子三人送
行與祝福。

攝影：慈濟德國漢堡聯
絡點提供
2016.05.15

來自約旦的敘利亞難
民湯尼（左二）帶著
兒子、女兒與太太伊
曼（左三）在德國團
圓，一家人在德國與
德國慈濟志工有聯
繫，並且在慈濟五十
周年慶系列活動中上
臺分享，感謝慈濟志
工的幫助。

烽火中的王子

一位懷有身孕的敘利亞母親，逃到黎巴嫩邊境時，身旁的先生、孩子陸續中彈倒下，她不顧滿身的子彈碎片，大量出血，強撐著跨過邊界，在抵達黎巴嫩土地的那一刻，她斷氣了，人們發現她懷有身孕，設法將孩子搶救了下來……

2013 年底的一場歲末祝福中，約旦慈濟志工莉莉第一次在證嚴上人及臺灣慈濟志工面前，說出了令全場震撼的敘利亞難民「小王子」的故事……

「敬愛的上人、慈濟師兄姊好！我要謝謝您們給我這個機會分享在約旦的一些故事，特別是在敘利亞的難民營裡。

我也是一位難民。我的爸爸是亞美尼亞（Armenia）難民，而我是巴勒斯坦難民，所以我能體會難民的恐懼，我知道他們遭受的苦──房子是如何被搶走，我知道他們是如何沒帶任何東西地逃離自己的家園……

我們有不同的個案、不同的故事和不同的情況。現在，我要跟您們講一個發生在我自己家族裡的故事。我這個難民家庭裡，有兩個兒子和一個女兒，他們都已經結婚了，我有五個孫子，但是我的女兒無法生育。

我女兒的先生有一位朋友在黎巴嫩，他是一位醫生，他和我先生曾經一起唸書、一起住在莫斯科十年。這位朋友知道我女兒他們想要一個孩子，有一天他從黎巴嫩打電話來告訴我的女婿，請他趕快帶著太太搭飛機過去。

敘利亞難民分布在三個地帶：敘利亞的北邊、西邊和南邊。北邊難民逃到土耳其、西邊逃到黎巴嫩，然後南邊就是約旦這邊。

有一個懷孕的母親，逃到了黎巴嫩的邊境，當她來到邊界時，身上滿是子彈碎片，她倒下來，全身出血。他們很快地帶她到醫院，她卻已經往生，但是邊境的聯合國兒童基金會的醫生們注意到她懷有身孕。他們試著去搶救腹中的孩子，嬰兒因為流血而全身腫脹，醫生們將嬰兒放進了保溫箱。

然後，醫生聯絡我的女兒和女婿去看這個孩子；那時，我女兒打電話給我說：『媽媽，我們計劃領養一個孩子。』我告訴她，這是上天給妳很棒的祝福，但是在我們的文化裡，這樣的事是不被接受的，因為我們有許多的宗教，有些宗教是不接受領養，只能夠照顧。

但是，我告訴他們，無論妳聽到任何人說什麼，只要做你們覺得是對的事——這是一個嬰兒，這和宗教沒有關係，『妳必須做妳覺得是對的事！』

我接著問她是否有告訴其他兄弟們關於領養孩子的事情，她說沒有。所以隔天，我邀請了所有的家人來我家裡吃午餐，餐敘後，我告訴大家：『聽著！你們的姊妹要告訴你們一個好消息！』當她告訴所有的人之後，每個人都上前給她一個擁抱。

後來，他們前往黎巴嫩。醫生走出來並問我女兒：『妳想要抱抱這個小孩嗎？』她說：『當然！』然後，醫生把嬰兒從保溫箱抱出來放在她手裡。她開始哭泣……她一直哭、一直哭。在簡訊中她說：『媽媽，我真的為這個孩子失去他的家人感到好難過……』

當醫生把孩子放到我女兒手中時，他說：『這孩子是對妳生命的祝福！』所以，當他們回來時，當然他們經歷申請過程……噢！我忘記說，在她把嬰孩帶回來前，紅十字會和其他團體有試著詢問，是否有其他來自他家族的人認識這個嬰孩，但沒有人回應，所以他們才能認養。

當他們回到我的國家時，人們開始說：『他是基督教徒？他是穆斯林？他是佛教徒？』我們所有的人，只告訴他們一個答案：『他是一個人！』

我的女兒和女婿一直猶豫要幫孩子取什麼名字呢？最後他們決定叫他『Prince（王子）』。這孩子是他們生命中的王子，好像他們是這孩子的國王與王后。而這個嬰孩收到的第一份禮物，就是從慈濟靜思精舍師父送來（約旦）的嬰兒鞋。」

莉莉是一位虔誠的天主教徒，參與佛教的慈濟志工，現在又收養一位穆斯林家庭的孩子，是愛連貫了這一切。如今，這位「小王子」正在莉莉女兒家中幸福地長大，許許多多知道他這段經歷的人，都虔誠地祝福這位「王子」，未來能夠成為一位為全世界帶來愛與和平的使者。

攝影：蕭耀華
2012.12.29

慈濟在約旦伊爾比德省（Irbid）
南薩市發放物資、關懷因戰亂逃
難到約旦的敘利亞難民。志工莉
莉（Lily，左）像慈母一樣關懷前
來領取物資的難民婦女及小嬰兒。

第二章

攝影：梁家銘
2017.01.04

新年將至，過年的氣氛籠罩每一個家庭，祈願天下的孩子都在關愛下快樂成長。

小芮塔的八次手術

敘利亞的產房裡，一位醫師正專注地接生；突然傳來空襲的砲火聲，醫師忧然驚心，不小心抽動了身體，女嬰的左腿瞬間就折斷了……

三年後，約旦慈濟志工阿比爾（Abeer Aglanm Madanat）接到一通電話，一位難民小女孩芮塔·歐馬（Ratag Omar ALmuala）因為腿痛哭個不停，希望慈濟志工能前往協助。志工到了她的家中才了解，小芮塔出生時折斷的左腿，雖然在善心人士資助下，動過六次手術，但仍然沒有改善，不僅無法行走，傷口還有細菌感染的風險，而且現在也沒有任何援助了。

慈濟志工請敘利亞籍醫師莫哲（Monzer）評估後，決定為小芮塔進行最適合的微創手術。2016 年 1 月 4 日手術當天，慈濟志工到場陪伴，當手術即將開始，要將小芮塔交給醫師時，她突然大哭了起來，緊抱著父親的脖子不放，小芮塔的父親也淚流不止，想到女兒出生以來，就接連不斷接受手術受苦，一旁志工看了也滿是不捨。

這是小芮塔的第七次手術，醫師為她植入支架，確定骨頭重生後，第二個月再進行第八次手術；這兩次手術都十分成功，也終於看見小芮塔的笑容。這段時間內，慈濟志工每個月都會帶糖果和娃娃來探訪。10 月，當志工們來到醫院，終於看見小芮塔第一次站起來，牽著爸爸的手，笑容滿面地迎向志工。

攝影：陳秋華
2016.01.22

小女孩芮塔·歐馬忍痛接受敘利亞籍莫哲醫師檢查腿部情形。

攝影：慈濟約旦分會提供
2016.12.05

穿上新鞋的芮塔·歐馬走路平穩，快樂地對著鏡頭飛吻。

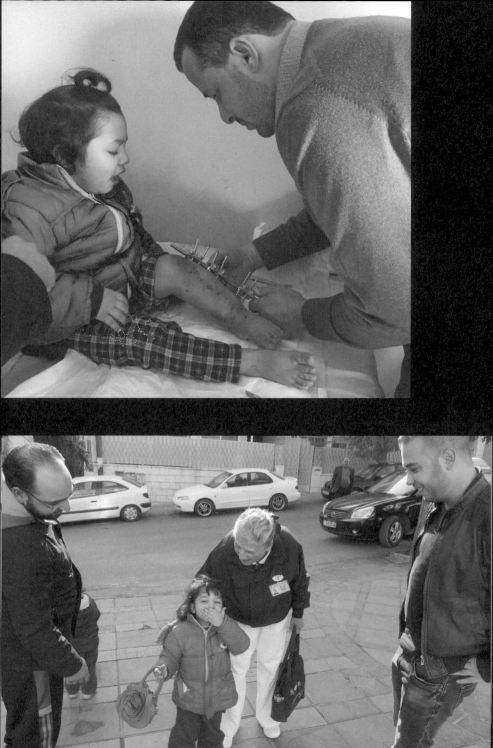

不能再等　把握時間馳援

敘利亞烽火連天，數百萬人被迫逃離家園，擠身在環境惡劣的難民營，悲苦層層疊疊，好多隨著家人逃難的孩子生病了，大人們束手無策。慈濟志工陳秋華（慈濟約旦分會執行長）數次回臺灣奔走求援，他在一場又一場的分享中，感嘆哽咽，憂心忡忡，眼裡眉間全是「來不及挽救」的焦急。

不能再等！2016 年 12 月 24 日至 31 日，慈濟在約旦北部啟動兩千人次以上的大規模義診及物資發放，義診包含內科、外科、牙科、腎臟科、心臟科、腸胃科等，各科的醫師、藥師、牙科助理及志工們一行三十五人從臺灣出發，攜帶超過五百公斤的藥品及藥材，飛行含轉機十六個小時抵達約旦安曼，將進入馬夫拉克省難民學校、阿紮來卡難民營、約旦河谷及安曼當地，展開義診及發放工作。

攝影：詹進德
2016.12.25

慈濟醫療志業執行長林俊龍一行
人犧牲與家人共度新年的時光，
前往約旦難民營，提供敘利亞難
民醫療、物資等需求。

攝影：黃筱哲
2016.12.27

慈濟志工首度進入阿紮來卡難民
營舉辦義診，難民聞訊趕來，在
暫時充當內科診療室的貨櫃屋外
候診。

攝影：詹進德
2016.12.27

阿敍來卡難民營義診，牙科在鐵皮屋內進行，門內門外滿座，可見難民對牙齒治療的需求。

無肛症的孩子們

如果補助一次性的手術，能夠救活一個孩童，再給他一生亮麗的未來，那麼這勢必是值得去做的事。

鐵皮屋外隱約聽到一陣陣騷動，一個害羞的小男孩被大人帶進來，男孩手上拿著大人寫的一張謝卡，上面用英文寫著「謝謝慈濟」，門外還湧進了更多的小孩和大人，他們手上也都拿著一張謝卡，原來之前曾經接受慈濟援助手術治療的孩子都被家長們帶來了。

陳秋華看到幾個月前罹患「無肛症」的四個幼小孩子也都來了，每一個都活蹦亂跳的，他激動地紅了眼眶，當初這些孩子無法排便，肚子全都脹得圓鼓鼓的，孩子被折磨得奄奄一息，父母親四處奔走求醫，得到的往往是被醫院拒絕，或是付不出醫藥費，愁容滿面等著孩子生命一點一滴消逝。

此事起因於 2016 年 3 月，南薩四個月大的敘利亞女嬰艾兒法獲得慈濟援助治療臍疝氣，負責手術的敘利亞醫師莫罕那（Dr. Monhnad）事後告訴約旦慈濟志工陳秋華，在札塔里難民營中，類似這樣的小孩非常多，讓陳秋華十分震驚，於是前往難民營訪視了解，立即安排治療，由知名的莫罕那醫師進行手術。

2016 年 12 月，來自臺灣的慈濟義診團隊前往南薩，許多痊癒的孩童在家長的陪伴下，前來道謝，孩子復原情況非常良好，令人欣慰。但一旁仍有許多剛聽到消息的家長，帶著面有病容的孩子一起趕來，憂心忡忡地希望獲得醫治。臺中慈濟醫院簡守信院長一臉嚴肅，他和莫罕那醫師一同為孩子做檢查，看到因為腎臟病而肚子水腫的孩子、罹患血管瘤而痛苦的沉默男孩、剛出生沒幾天卻有嚴重疝氣的男嬰，他的眉頭鎖得更緊，站起身告訴陳秋華和慈濟醫療志業執行長林俊龍說：「這些孩子一定要盡快送醫。」

短短的一、兩個鐘頭，莫罕那和簡守信就檢查了約五十位的病童，其中有二十多人都是需要做手術治療的；因為時間的關係，慈濟團隊不得不離開札塔里難民營中的阿拉伯醫療診所，莫罕那看到還有很多人引頸盼望，心裡覺得十分難過。

來自敘利亞大馬士革的莫罕那是一位內科醫師，他因為經常走出家門幫助因戰亂而受傷的民眾，而身處險境，四年前他帶著家人逃難到約旦，在札塔里難民營裡看到許多貧窮的婦女和孩童生病無法就醫，自己卻沒有能力幫助他們，他陷入茫然無措，直到認識了陳秋華，開始和慈濟約旦分會展開救治難民營孩童的行動，他很感激慈濟義診發放團的志工們願意在這麼冷的時節，來到遙遠的約旦幫助素昧平生的敘利亞難民。

迄至 2017 年 3 月，一年的時間裡，慈濟已經幫助二百四一十位罹患「無肛症」、「隱睪症」或是「疝氣」的難民兒童手術，但仍有不計其數難民孩童的未來需要大家伸出援手⋯⋯

攝影：慈濟約旦分會提供
2016.08.23

敘利亞籍莫罕那醫師檢查孩童的狀況。

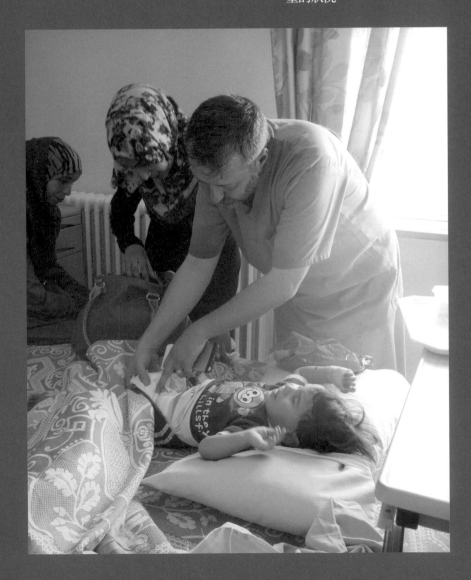

親鄰有難　關懷不間斷

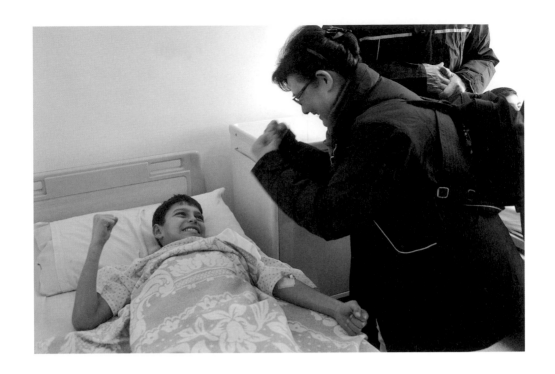

攝影：黃筱哲
2016.12.29

札塔里難民營裡需要治療的孩童
到安曼醫院接受手術，來自臺灣
的志工洪琇美與孩童互動，為他
加油打氣。

攝影：潘翠微
2016.12.29

慈濟志工葉添浩抱著一歲的優塞
夫（Yoseef），這個孩子因為疝氣
準備開刀治療。

人生翻轉　八歲知報恩 ————————————

「我要幫助其他人，正如慈濟幫助我一樣。」八歲的敘利亞難民小孩哈迪 (Abdel Hadi)，以行動表達他的感恩。

哈迪一家是慈濟的照顧戶，父親和祖母住在南薩的難民營裡，媽媽帶著四個小孩居住在難民營外。2017 年 2 月 4 日，慈濟志工資助哈迪開腹膜炎的大手術，手術很成功，哈迪也復原得很好。

但沒多久，媽媽希淡 (Khetam) 卻生病了，原來是哈迪手術時，她已經發現頸部長有硬塊，但愛子心切下，只考慮到兒子的健康而拖延了自己的病情，直到腫瘤愈來愈大，慈濟志工發現後趕緊安排她到醫院檢查，7 月 30 日進行切除手術，並且繼續援助她的醫療費用，慈濟志工阿比爾 (Abeer Aglanm Madanat) 等人也前往關懷。

希淡、哈迪這對母子，對慈濟的照顧銘感在心。9 月 27 日，志工阿比爾突然接到希淡的電話，電話中希淡興奮地告訴阿比爾，她的兒子哈迪上個星期在學校主動與同學分享慈濟，告訴他們慈濟如何幫助他和母親，甚至掀開制服讓同學看他那條大大的手術疤痕。

哈迪在分享中有提到志工阿比爾的名字，當同學問他：「誰是阿比爾師姊？」哈迪說：「她是我第二個母親，我很愛她，因為我的媽媽很愛她，她幫助我們很多。」分享中，哈迪還不斷提到濟暉師兄、慈紘師姊等其他志工的名字。

隨後，當阿比爾看到媽媽傳來哈迪在學校勸募善款的照片，心裡感到非常安慰，因為小小哈迪已將志工給他的竹筒（撲滿）帶到學校分享慈濟竹筒歲月積少成多行善的意涵，還主動向同學勸募，啟發他們共同來成就這分善行。

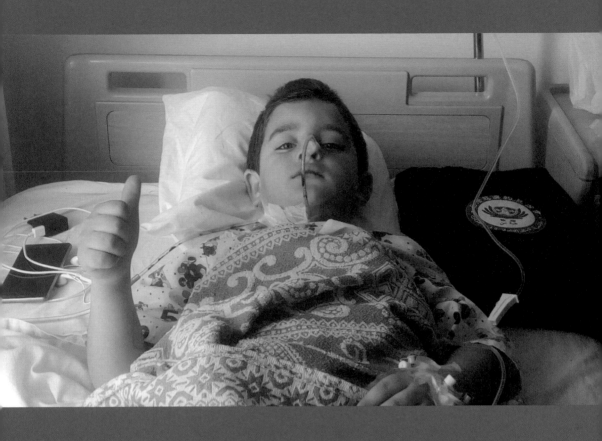

攝影：慈濟約旦分會提供
2017.02.04

哈迪在安曼亞奇拉（Akilah）醫院，
進行腹膜炎手術後，比出「感恩」
的手勢。

攝影：慈濟約旦分會提供
2017.09.22

哈迪把慈濟人給他的竹筒帶到學校，分享竹筒的
意涵後，主動向同學募心募款，啟發他人的善
念。他說：「我要幫助其他人，正如慈濟幫助我
一樣。」

我，不認識雞蛋！

有人沒見過雞蛋？真的嗎？真的，就是在約旦難民營出生的孩子！

2016 年 12 月 25 日一早，氣溫只有六度，天空仍飄著細雨，臺灣慈濟義診發放團頂著寒風走在滿是泥濘的土地上。一眼望去，帳篷稀稀落落地散落在空蕩蕩的一片黃土上。慈濟志工走在路上，遇到瘦弱的孩童，都會將早餐捨不得吃的兩顆帶殼水煮蛋，從口袋中掏出來送給他們。

「孩子，吃蛋吧！」當志工蹲在三歲的孩子面前，將一顆水煮蛋放在他小小的手中，孩子呆愣地握著蛋動也不動，志工摸摸他的頭，只當他是不好意思吃；「孩子，吃蛋……」孩子直接把帶殼的水煮蛋放進嘴裡，志工連忙拿回來幫他剝殼。

也有孩子竟然將拿到的水煮蛋直接丟掉，讓志工們十分驚愕，甚至傷心難過，大家急著想找出答案，經過多方詢問，才知道這群出生在難民營中的孩子，從沒看過雞蛋，更不知道這是可以吃的。

當團員得知丟棄雞蛋的原因之後，決定向所住宿的飯店購買五百顆蛋，並商請廚房協助煮熟，這件事被飯店的老闆知道了，他豪爽地告訴慈濟志工：「這五百顆算我捐的，請你們拿去幫助敘利亞的難民。」於是，在寒風凜冽的清晨裡，這五百顆白淨的雞蛋一盒盒地和慈濟義診發放團，進到了阿紮來卡難民營第三區的義診地點「婦女與女子中心」。

志工將雞蛋放在義診中的小兒科診間，只要有人進來就診，就先送上兩顆水煮蛋，小兒科裡幾乎都是媽媽帶著幼童來看病，媽媽們沒想到一進來就會收到這個小小的驚喜，許多媽媽把身旁的孩子拉過來，親手剝去蛋殼後放在孩子小小的手掌心裡，看著他們小口小口地吃著這個陌生的食物，孩子笑了，志工也笑了！

攝影：詹進德
2016.12.25

慈濟志工洪琇美將早餐水煮蛋帶
來給難民營孩子補充營養。

攝影：潘翠微
2016.12.28

飯店老闆豪爽地告訴慈濟志工：
「這五百顆算我捐的，請你們拿
去幫助敘利亞難民。」

攝影：潘翠微
2016.12.28

水煮蛋可以吃 ── 對敘利亞小朋
友而言是新鮮的嘗試。

難民醫師的願望

二十四歲從伊拉克逃難到約旦的哈菈（Hala），是最貼近難民的醫師。她總是很詳細地為家長解說孩子的用藥須知；冬天看診時，也會先搓熱雙手才溫柔地為嬰幼兒觸診。她心疼大多數來求診的母親，因為戰亂的逃難與異地照顧孩童的艱辛，其實都非常需要心理輔導。

哈菈醫師與慈濟結緣，源自於 2014 年志工前往安曼一所天主教堂關懷，當時教堂裡收容了伊拉克天主教徒難民，志工援助救急金、毛毯給十二戶家庭，共計五十四位難民朋友，而信奉天主教的哈菈醫師與她的哥哥就在其中。

哈菈醫師一向很有愛心，她利用教堂窄小的暖氣配電室內，主動為難民們看診，藥品與器材則由慈濟提供。但自從 2015 年 9 月開始，資助的慈善組織從教堂遣散難民，讓她一度與慈濟失去了聯繫。所幸在約旦慈濟志工鍥而不捨努力下，半年後又再度找到她。

哈菈醫師跟著慈濟志工，為顛沛流離的難民義診，也為貧窮困苦的貝都因人發放物資，志工陳秋華希望以每次五十約旦幣（約新臺幣二千三百五十元）作為以工代賑看診的費用，哈菈醫師則靦腆不收。她感恩慈濟給她發揮專長與學習付出的機會，而且志工對難民那份尊重的心，讓她重新打起精神生活。

2016 年 12 月在馬夫拉克省難民學校進行的義診中，她忍著牙痛接連兩天看診，最後被志工們強制要求她接受治療，才知道得了急性牙髓炎，還好來自美國的廖敬興醫師是牙髓炎專科，馬上為她進行根管治療，減緩她的劇痛。但哈菈醫師一看完牙齒，又馬上投入小兒科的義診工作。

哈菈醫師很尊敬慈濟志工，她說：「陳秋華先生言出必行，讓我十分敬佩；慈濟志工從不歧視我的難民身分，讓我十分感動！」她心中有個夢想，希望有朝一日，能到臺灣見到證嚴上人，她想要親口說一聲感恩。

攝影：陳秋華
2015.04.04

慈濟志工在關懷從伊拉克逃難到約旦的難民時，小兒科哈菈醫師（右）正在臨時診所看診，向慈濟提出支援藥品的需求，慈濟志工莉莉互動與了解後捐贈藥品。

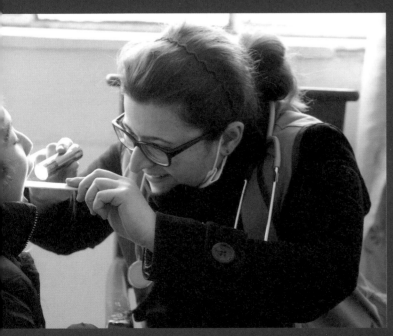

攝影：詹進德
2016.12.26

慈濟志工前往馬夫拉克省難民學校舉辦義診，為難民家庭提供醫療服務。圖為伊拉克籍醫師哈菈為小朋友看診。

親鄰有難　關懷不間斷

「推動」行善　始終如一

雖然時空相隔將近五十年，地點跨越如
此遙遠，但場景和行善的精神，卻如此
相似。

攝影：證嚴上人
1970.12.12

早年證嚴上人帶領委員下鄉至花
蓮縣鳳林鎮山興里探訪照顧戶黃
阿惡祖孫，途中因溪水暴漲，遊
覽車陷入溪中，委員不顧天寒水
冷，合力推車。

攝影：詹進德
2016.12.25

慈濟約旦義診發放團準備前往邊
境難民學校義診時，因雨後遊覽
車深陷泥濘中，眾人下來使勁地
向前合力推車。

大漠勇者

一位篤信佛教的東方人，深受約旦皇室的信賴；他是來自臺灣的黑帶七段跆拳道教官，卻奔波於伊斯蘭世界，謙卑地將物資交到難民手中，當他開口安慰難民，流利的阿拉伯語如珠串般一顆顆湧出時，不禁教人訝異，這個人，到底是何來歷？

傳奇始於跆拳道

他就是約旦慈濟志工陳秋華，祖籍彰化，從小便是個頗出風頭的小孩，中學畢業後，父親因故無力供他讀書，陳秋華只好選擇免費的士官學校就讀，憑著一股努力奮戰的精神，還在士校就讀的陳秋華已榮任跆拳班教官。1973 年中華隊參加首屆世界盃跆拳錦標賽時，更擔負起隊長的重任。在身先士卒下，中華隊果然一舉奪得團體組銅牌。載譽歸國後，民眾為之瘋狂，大街上，許多人只要看到穿著紅色隊服出門的他們，不管吃飯、喝酒，商家都搶著付帳！

「我們那時候，簡直是橫著走的！」回想年少輕狂，陳秋華忍不住笑了。大概也就在那之後，國防部特令徵召好手，前往當時還有邦交的中東國家約旦，擔任皇室親衛隊的跆拳道教官。遴選結果，陳秋華在技術、性格與操守等項目都無人能及的情況下，輕易地脫穎而出。

從 1974 年說起

於是他隻身前往約旦，擔任皇室親衛隊教官。當時約旦國王是胡笙，在皇室體系，還有一位哈山親王。陳秋華來到約旦，帶著臺灣人的誠懇樸實、武者的誠正威儀，凡事一絲不苟，讓胡笙跟哈山都十分賞識，也因此被哈山欽點為健身教練。國王胡笙看了他的身手大喜，更決定將跆拳道推廣為全國運動。這個簡單想法讓陳秋華又多了份工作，不過，他連吭都沒吭一聲。對他來說，國王的想法，就是任務。

1988 年，陳秋華帶領選手參加漢城奧運，拿下約旦運動史上第一面奧運銅牌。好消息一傳回安曼，全國情緒沸騰，一下飛機，國家沙漠兵團儀隊、身著禮服的小王子已經在紅地毯一端，持著緞帶鮮花，恭候這些跆拳英雄，陳秋華的大名登上了媒體頭條。

爾後，擔任哈山親王侍衛長的陳秋華，1998 年在民意推舉下，又帶領選手在泰國亞運摘下兩銀三銅。1999 年阿拉伯聯盟運動會，更一鼓作氣奪冠，把約旦跆拳界士氣與國家優越感打了起來。

武學大師　心靈空虛遇良師

登上巔峰的陳秋華，有感年歲漸長，在約旦三十年，已經培養出五代數千位徒弟，光第一代黑帶學生就高達一千人。他看錄影帶、苦讀武學典籍寫論文，報名參加在韓國舉辦的段位檢定，成功拿到八段位階——這個象徵武學大師的榮譽。

這時，他體認到學無止境以及導師良師的重要性，心境突然空虛了起來——自己可

以成為學生的良師，那自己的良師在哪裡呢？1998 年元旦，返回臺灣省親時，陳秋華碰巧參加了大愛電視臺開臺典禮，看到慈誠隊整齊劃一的動作和證嚴上人莊嚴的形象，剎那間，就像一把精鋼打造的鑰匙旋開了麻鏽已久的重厚銅鎖，陳秋華心中那扇塵封已久的窗，鏗鏘應聲而開，他看到了窗外那一個等著他投身灌溉的園地。

1998 年秋天，慈濟約旦聯絡處負責人林慧真因病往生，耕耘一年多的慈濟志業亟需有人承接。就這樣，陳秋華跟弟弟兩對夫妻，加上幾個華僑，連同受他感召加入慈濟的兩位阿拉伯籍志工，總共九個人，延續著一步一腳印的約旦慈濟志業。一開始土法煉鋼，連聯絡處的慈濟招牌都是陳秋華自己用手畫的。2001 年陳秋華受證慈濟委員，法號「濟暉」。

荒漠甘泉 潤眾生

約旦華人很少，大約才七十人左右，難免有人質疑，九個人到底能做出什麼成績？

在以阿衝突、美伊戰爭（即伊拉克戰爭）這一連串中東烽火烈焰下，陳秋華帶著約旦志工在人間道場衝鋒陷陣，北從古蹟哲拉西城附近的馬夫拉，南到玫瑰城和費南地區，往東則是前進到伊拉克邊境的魯威西（Ruwayshed）難民營；在安曼則有固定的長期濟貧個案，老人院、孤兒院、傷殘中心慰問，並定期到境內的巴勒斯坦及車臣難民營發放。關懷對象從首都安曼的貧民到遊牧的貝都因人，從巴勒斯坦難民到伊拉克老百姓；這幾年來，更關注於流亡到約旦的敘利亞難民身上。

2003 年 3 月的美伊戰爭，把陳秋華等約旦志工推上火線。因應可能的難民潮，陳秋華第一時間與臺灣慈濟本會聯繫，請求支援毛毯、食物等賑災物資；海運貨櫃抵達，暫寄約旦皇室主持的哈希米慈善組織（Hashemite Charity Organization）倉庫。

接著，在 4 月初探訪魯威西難民營後，為三個從伊拉克要到阿拉伯聯合大公國找先生、找父親的母女奔走，終於順利湊足旅費，讓一家人得以團聚。原表定計畫的南北各地發放行程，也不因戰火而有所影響；5 月底，更前進到伊拉克發放物資，把慈濟的愛送到遭戰火摧殘的伊拉克。所有活動都是這九人小組的集體成果。

一位佛教徒在伊斯蘭教的國度裡，他守持戒律，把佛教的精神禮儀、毅力與勇氣，還有慈悲溫柔的軟實力，都帶進了這個國家，他不怕人說，不怕人排斥，自始至終尊重伊斯蘭教。

如今，面對數十萬的敘利亞難民湧入約旦，陳秋華以不捨眾生苦難的菩薩情懷，常常以一天數百公里的行程，奔走於首都和邊境之間的大漠，他付出無求，所圖只是替難民盡一份心力，希望他們能早日離苦得樂，願人間平安無災難。

攝影：蕭耀華
2016.05.17

望著眼前無垠的沙漠，看到敘利亞難民湧入約旦，陳秋華以不捨眾生受苦難的菩薩情懷，奔走於首都和邊境之間。在這裡援助難民需要有著異於常人的信心、毅力與勇氣。

親鄰有難　關懷不間斷

攝影：慈濟基金會提供
1970

武藝精湛的慈濟志工陳秋華，因緣踏上約旦土地，擔任皇室親衛隊教
官。圖為 1970 年在臺灣服役時，練跆拳道的英姿。

攝影：馬僑人
2002.09.07

陳秋華（後）為人質樸忠實，哈山親王欽點為貼身侍衛，胡笙國王更將跆拳道在全國推行。
陳秋華留在約旦，一過就是三十多年。證嚴上人讚歎他是一位慈懷悲心的人，他居高不
驕，放下身段，展現「軟實力」，很被肯定與信賴。且引領著親王及王子、公主等皇族
建立慈善機構，接近貧窮並親手布施。

攝影：慈濟基金會提供

陳秋華（右三）所訓練的選
手，代表約旦參加比賽凱旋
歸來，受胡笙國王（中）及
哈山親王（右四）召見。

攝影：馬儔人
2002.09.01

紮來喜難民營食物發放，慈濟志
工陳秋華向每位領取物資的民眾
雙手合十祝福。

攝影：游錫璋
2017.05.14

約旦是以伊斯蘭教為主要宗教的國家，身為佛教徒
的陳秋華持戒，守戒律，不怕人說，不怕人排斥，
而且尊重伊斯蘭教，並把佛教的精神禮儀、禮節帶
進這個國度。

約旦王宮中的菩薩

「好準喔！」約旦哈山親王抽了一支，他打開來看，驚訝地表示，抽到的靜思語是：「如果影響不了別人，就做自己該做的事。」

2016 年慈濟賑濟敘利亞難民，親王捐了一些藥品、物資等等。12 月 28 日來自臺灣的義診團前往阿紮來卡難民營，在難民營的辦公室拜會親王，會議室沒有豪華的布置，也沒有任何排場，他親切地一一和大家握手。

慈濟醫療志業執行長林俊龍代表證嚴上人，致贈親王及他的家族慈濟福慧紅包，表達感恩與祝福之意，同時也以《靜思語》與親王結緣。

親王侃侃而談：這麼多的難民，這都是人造成的天下大事，我們無法說停止戰爭就停止戰爭；但已經造成那麼多人在受苦受難，我們如果影響不了別人，就只好做自己該做的事，盡自己的一分力量去幫助他們。在現在這個亂世中，人類正處在十字交叉路口，因此我們必須將人性的尊嚴再重新找回來。當人類之間產生了利益衝突時，要找出彼此間共同的基點，在戰亂中出生長大的孩子，只會用恨來看世界，我們要如何以共同的語言，來重建這些孩子對世界的愛？

親王非常敬佩慈濟的四大志業，慈善、醫療、教育、人文，他認為這其中最重要的就是教育和人文，有了教育和人文，能將所有事情進行整合。親王語重心長地說：「除了給敘利亞難民衣服、食物，更重要的是如何讓他們小小的心中再擁有愛，並且把愛傳出去。」

攝影：詹進德
2016.12.28

哈山親王接見慈濟志工，慈濟醫療志業執行長林俊龍代表致贈《靜思語》等結緣品。哈山親王歡喜翻閱《靜思語》書籍。

攝影：慈濟約旦分會提供
2007.05.17

哈山親王特地到魯威西（Ruwayshed）關切發放，並與志工親切握手問候。

親鄰有難　關懷不間斷

最後三小時

「面對敘利亞難民的苦難，我真的很難『感同身受』，不是我沒有同理心，而是他們的苦，早已經超越了我生命中能體會的極限！」義診發放團員黃福全在多日行程後，無限感慨地說出了內心的感受。

因此，每一個團員總是希望在這有限的行程裡，能把握分秒，能為敘利亞難民多做一點，任何的一丁點也好。

2016 年 12 月 31 日的午後，慈濟約旦義診發放團就要啟程返回臺灣了，但團隊還是決定如同過去的這七天，清晨即出發趕往慈濟志工陳秋華的家，把握離去前的最後三個小時，再為首都安曼地區的敘利亞照顧戶進行一場義診。

「我覺得我實在太殘忍了，都沒能讓大家好好休息。」陳秋華滿心愧疚，但是大家只是拍拍他的肩膀，給了他一個鼓勵的微笑，隨即動手開始將陳秋華的家布置成義診處，陳秋華滿腹的話語梗在喉間，他卻只能強迫自己轉身，默默地擦去眼角的淚水。

幾位醫師合力將客廳的大桌子移開，沙發全部往牆邊靠，剛空出了客廳的大空間，牙科的四張診療床隨即進駐，由總務及負責管線的志工以最快的速度進行組裝；此時簡守信院長和葉添浩醫師將廚房的大桌子搬來，當作牙科繁多器械及藥品的工作桌，當牙醫師及牙科助理穿上水藍色的隔離衣，屬於牙科特有的器具聲音馬上「嘶——嘶——」響起，牙科開始工作了。

看了一兩個病人後，夏毅然醫師發現這些貧戶嘴唇發白，一問之下才知道他們都沒有吃早餐，夏醫師馬上請志工泡了糖水給病人喝，有時還會強迫病人吃完一根香蕉才可以就診。

其他的醫師也沒閒著，腸胃內科蔡筱筠醫師搬了張小巧的桌子，放在臥室前的走道上，做為義診掛號處，她和約旦本地志工慈力默契十足地搭配，這幾天的義診工作，蔡筱筠醫師總是負責掛號，雖然和她的本科專業不太相同，但她總是能在第一關的「前線」把守義診進度，讓「後方」的醫師們能順利看診，當看病的人潮過多，她便會隨時補位；爽朗的笑聲，俐落的聲調，給大家很大的安全感。

開放的廚房成了藥局；安靜的臥房成了小兒科義診處；另一間臥室則成了內科和外科的「合併」義診處，而鋪有地毯的溫暖小客廳則早已聚集了十幾位等待看病的敘利亞難民。流落異鄉受苦時，慈濟志工找到他們，將他們擁入懷裡，給溫飽、施醫藥，縱使仍然哀傷無盡，但總有關懷的力量讓他們能夠面對明天。

陳秋華原本認為能提供難民最欠缺的牙科義診，他已經感到心滿意足，但沒想到醫師們二話不說，全部投入看診。專精外科的簡守信協助小兒科；整型外科葉添浩協助內科，其他的人隨時接受諮詢；林俊龍執行長看到這樣的情景，忍不住有感而發地說：「大醫王，隨病授藥啊！」……此時小客廳傳來輕輕的歌聲，活潑的臺灣志工黃福全帶著照顧戶的孩童們唱歌比手語，孩子們稚嫩可愛的手語動作，讓原本顯得過於沉默的母親們露出了淺淺的笑容。

「我不寂寞，有這麼多法親陪我，我真的不寂寞！」陳秋華看到整層樓都是醫護人員忙碌的身影，看到他們臉龐散發的溫柔，他放下原本愧疚的心情，取而代之的是滿滿的感動。這幾年，他一肩挑起慈濟約旦分會的責任，許多人都覺得他太辛苦，他卻認為那不是「苦」，而是「難行能行」。當 2014 年 11 月聯合國難民署取消了難民的醫療援助；當許許多多的慈善組織因為戰事耗時而紛紛撤出時，慈濟卻選擇在這個時候，在約旦為敘利亞難民啟動大規模的義診及發放，「我們要把對難民的這分愛，持續不斷地接力下去。」陳秋華默默地在心中發願。

突然間，葉添浩醫師匆忙地快步走進小兒科的診間，出生才四十天的小女嬰馬漾（Mar Yan）躺在桌子上，嚶嚶地哭著，微弱的哭聲讓每個人聽得揪心，當葉醫師打開小女嬰裹著的包巾和小衣服，赫然看到一個巨大紅腫的廔管，馬漾罹患了無肛症，約旦的醫師替她做了造口，但卻沒有為她找到合適的造口袋，糞便造成了廔管周遭皮膚感染，小小的肚皮幾乎體無完膚，葉醫師專注地為小女嬰換藥，陳建華醫師則和其他醫師討論馬漾的後續治療。

這場在陳秋華家中的小型義診已快接近尾聲，突然有人高喊著：「彞邦醫師，牙科還收不收病人？」「收！」李彞邦篤定地大聲回應，就這樣，牙科義診在其他科別在一旁收拾診間的當下，仍堅持看完每一個病人。

「上人好！」遠在臺灣正在關渡行腳的證嚴上人竟然透過越洋電話，和林俊龍執行長視訊連線，上人聲聲地問著：「大家都好嗎？你們什麼時候回來？幾點回到臺灣？」聲音雖然斷斷續續，大家沒有停下手邊的工作，但是上人對弟子的關心仍然讓大家默默地感動著……慈濟約旦分會義診發放團自 12 月 23 日至 31 日，終於達成對上人的承諾——「圓滿任務，平安歸來！」

攝影：周幸弘
2016.12.31

義診團最後三小時在慈濟
志工陳秋華約旦的家，掛
上義診橫幅即成為義診所。

攝影：詹進德
2016.12.31

客廳坐滿的不是客人，而
是待診的難民，大家非常
守秩序，排排坐等候就診。

攝影：詹進德
2016.12.31

廚房一角，不是下午茶的聚餐處，而是臺中慈濟醫院院長簡守信（左）、人醫會醫師葉添浩（右）分別用餐桌的兩個角落為難民看診。

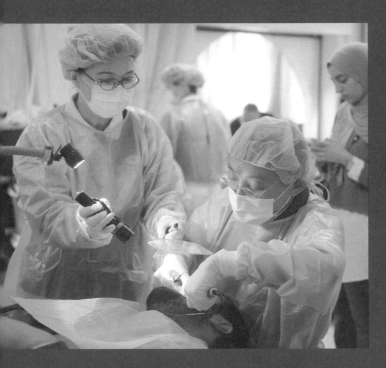

攝影：周幸弘
2016.12.31

花蓮慈濟醫院醫師李彝邦（右）為難民診療牙齒，牙科助理黃鳳嬌（左）在旁協助。

攝影：黃筱哲
2016.12.31

客廳移開大桌子，沙發全部往牆邊靠，空出大空間，牙科的四張診療床隨即進駐，負責總務及管線的志工以最快的速度進行組裝。義診發放團合力布置成各科診間，為安曼市的敘利亞難民關懷戶提供小兒科、牙科等治療。

親鄰有難　關懷不間斷

用愛造一棟千萬人的家

打造一個能容納千萬人的家，那個家就是大愛。

東南邊與敘利亞為鄰的土耳其，九成以上人民是穆斯林。自 2011 年敘利亞內戰爆發以來，大量難民開始湧入，其中至少有兩百多萬人留在邊境難民營或是第一大城伊斯坦堡，其餘眾多的難民則是過境土耳其，設法越過地中海，抵達希臘後再沿著巴爾幹半島各國穿越南歐，前往目的地德國。

這些難民裡面，超過一半都是孩童。居住在伊斯坦堡的慈濟志工胡光中、周如意、余自成三人，不忍難民受苦，更難以想像這麼多失學的敘利亞孩童的未來。於是從 2014 年開始為敘利亞難民募款，並且與逃難到土耳其的敘利亞主麻教授（Dr. Cuma）合作，推動敘利亞難民的慈善關懷、設立滿納海難民學校讓孩童復學，成立義診中心、聘請敘利亞籍醫生駐診為自己的鄉親服務。

主麻教授感恩慈濟志工的愛為敘利亞難民帶來希望，他說：「『愛』可以造一棟大房子，容納千萬人、上億人，不分種族、國籍，人人快樂生活其中。」

證嚴上人聽聞後，也慈悲地回應了主麻教授的話：「大愛，就是全人類和睦共處的家。期待人人努力擴展寬廣無垠的愛，包容天下所有苦難人。」

第三章

攝影：余自成
2015.10.17

慈濟志工與土耳其蘇丹加濟市政
府合作，結合敘利亞難民，共同
用愛打造一棟千萬人的家，就從
敘利亞「滿納海中小學」開始。

用愛造一棟千萬人的家

攝影：余自成
2016.3.31

來自不同國度的敘利亞主麻教授（Cuma）、土耳其
蘇丹加濟市長阿里（Ali Uslanmaz）、慈濟志工胡光
中、周如意，一致的理想要為敘利亞孩子在土耳其
能夠上學而努力；慈濟志工為學生準備書包、學用
品、制服，像自家孩子要上學一樣。

穆斯林世界的菩薩們

1999 年 8 月 17 日，土耳其發生了世紀大地震，四十五秒內造成逾一萬六千人死亡，六十萬人無家可歸，居住在土耳其的臺灣華僑胡光中，看著電視螢幕上不斷上升的死亡數字，又看到各國的救援隊伍相繼到達土耳其，獨不見臺灣，想到臺灣錢淹腳目，為何卻又這麼缺乏愛心？忍不住提筆投書臺灣的《聯合報》，寫了一篇〈救援土耳其，臺灣在哪？〉。

然而，當時他並不知道遠在臺灣的慈濟志工四人小組，由慈濟基金會宗教處主任謝景貴領隊，早在地震後的第三天就已經抵達土耳其，就地採購了三千條毛毯及睡墊發放給受災鄉親。而且由於他那篇投稿，也讓慈濟知道土耳其有胡光中這位人士，因此謝景貴設法聯繫到他，請他居間協助慈濟在土耳其賑災。

慈濟在土耳其賑災期間，臺灣也發生了震撼全球的九二一地震，但慈濟對土耳其援助的承諾仍沒有中斷；在地震後四個月內，慈濟基金會在重災區歌覺市（Goluck）蓋了三百戶的大愛屋、致贈二百頂的帳篷給都覺市（Duzce）的受災鄉親，並且為他們建造清真寺，過程中非常尊重伊斯蘭教的信仰。

凡此種種，讓從小生長在穆斯林家庭、十五歲即出國到中東國家學習伊斯蘭教義、對佛教懷有強烈偏見的胡光中，從此對佛教的看法完全改觀。瞭解到原來佛教不僅是在拜佛、念佛，更是實際以行動付出。因為證嚴上人說：「經是道，道是路，路是用來行的，不是念給菩薩聽的！」

1999 年 11 月間，胡光中第一次見到證嚴上人，他問上人：「慈濟是一個非常好的團體，但慈濟是發源於佛教的團體，而土耳其是一個信仰伊斯蘭教的國家，如何能夠把慈濟精神帶到土耳其呢？」上人回答，當初他在臺東鹿野時，每天都會經過一所教堂，他都會恭敬地鞠躬；所以「把人心裡面自己所造成的隔閡如膚色、國籍、宗教都去掉，心中只剩下一個字——『愛』即可，那就可以傳播慈濟的精神。」

在上人的觀念裡，「宗」就是人生的宗旨，「教」是生活的教育；不論是信佛教、基督教、天主教、道教，甚至完全沒有信仰的人，都離不開做人的宗旨和規範。認同慈濟的理念，更見證到在全世界有災難的地方，都會看到身著「藍天白雲」（制服）的慈濟人，走在最前、做到最後的付出，讓胡光中不僅投入成為慈濟志工，更願意成為全球第一位的穆斯林慈濟委員，以穆斯林的信仰、慈濟的大愛精神在土耳其當地付出。

2012 年，敘利亞難民因內戰開始逃亡，數年下來，有將近三百萬敘利亞難民滯留在土耳其，胡光中結合逃難到伊斯坦堡的

敘利亞主麻教授（Dr. Cuma），一起幫助
敘利亞難民，發放物資、補助生活所需、
提供醫療義診服務。尤其是慈濟的助學補
助，以及在蘇丹加濟市政府的支持下，成
立了滿納海敘利亞學校，讓因為經濟壓力
淪為童工的敘利亞孩童得以復學，走出希
望的未來。

一塊錢開啟天堂

在一次的發放裡，主麻教授對現場敘利亞
同胞說：「你們相信一塊錢可以開啟天堂
的路嗎？你們知道幫助我們的臺灣慈濟志
工大部分都是平民百姓嗎？他們知道團結
的力量大，所以每個人捐出一塊錢、兩塊

攝影：林鳳琪
2000.1.15

1999 年土耳其大地震賑災因緣，
當地臺商、華人留學生和土耳其
居民紛紛響應慈濟愛的行動，促
成「慈濟土耳其聯絡點」於次年 1
月 15 日成立。慈濟志工黃思賢
（左）代表證嚴上人授予慈濟旗
給胡光中（右）。

錢，集合起來幫助我們敘利亞人。現在我領悟到《古蘭經》上的啟示——我們在樂善好施上要彼此學習、濟貧幫困中應互相勉勵，你們應當分捨自己所得的美品，誰以善債借給真主，真主將多倍償還他本息——當你捨得了一些東西幫助別人時，真主阿拉會因為你的捨得而給你答謝，並給你意想不到、多倍的東西。現在你們之中，有人已經領取過一次或多次的幫助，但是我們的鄰居還有很多人沒有受到幫助；有人願意打開自己的心，奉獻一點點來幫助他們嗎？願意的人請舉手！」

現場馬上有超過一半的同胞舉手，隨後第一位捐出十里拉，主麻教授高興地舉著這位同胞的手，接二連三的同胞又拿著大小不等的金額——十里拉、二十里拉、五里拉，還有銅板給慈濟志工；此外，還有一位婦人拿著美金一元及一些銅板也來捐獻，甚至好幾位小朋友拿著一個銅板來放在志工的手心上，所有的志工激動得眼眶含淚，不停地道謝！

後來的每一次發放，難民們學習慈濟的「竹筒歲月」，感恩付出，甚至有人將剛領到的購物卡投入竹筒之中，並且告訴志工，就算將來他生活改善不在受助的名單，也希望每一次都能來參加慈濟的發放活動，體會這心靈的饗宴。

在土耳其這個穆斯林國度裡，慈濟委員只有三位，其中也只有胡光中是穆斯林，然而他們愛心傳遞的能量在這裡，卻是無限地寬廣。

攝影：余自成
2015.05.03

經過顛沛流離，多數敘利亞難民
很難以相信會得到實質的幫助，
慈濟志工胡光中（左）透過與家
長座談，誠情地表達慈濟援助的
方式。

第三章

攝影：余自成
2016.07.22

滿納海中小學第三校區的學生來
到學校領取制服，慈濟志工周如
意在門口歡迎，並與學生開心互
動。

攝影：余自成提供
2016.4.15

土耳其僅有的三位慈濟志工難得有一張合照，圖為，
胡光中（左起）、周如意、余自成，他們關懷敘利
亞難民，提供生活物資、教育、醫療等，承擔不同
功能，但是理想與心念卻是一致，在異地帶動慈濟
竹筒歲月的精神，讓難民也可以成為幫助別人的人。

用愛造一棟千萬人的家

曾經美麗的敘利亞

「曾經,我有一個家,有孩子、有妻子,有平淡的生活,沒有戰火;曾經,她是美麗的敘利亞。」2014年11月阿赫曼德向慈濟志工敘述故鄉過去的美好。

然而,內戰爆發,美麗的家園不再,阿赫曼德跟著其他人逃到土耳其,落腳在伊斯坦堡。這裡許多的難民,原本都有很好的工作,他們曾經是敘利亞社會上的教授、會計師、律師、醫師、工程師等等,有上班族也有專業人士;也因為原本的社會地位和經濟狀況比較好,所以才有辦法在土耳其的都會區居住。

六十歲的傑明,過去是政府機關的工程督導,在志工面前,他不斷親吻著一包裝著羊糞的泥土;泥土是故鄉的,那顆羊糞是逃難時撿到的,現在卻成了他懷念故鄉土地的僅有。

無情戰火波及這一群百姓,他們被迫離鄉成為難民,現在或棲身街頭,或淪為廉價黑工,處境艱難,歸鄉之路更是遙遙無期。命是保住了,但常常自問的是,人生的理想、生活的意義,是否也將埋沒在異鄉裡?

攝影:余自成
2015.04.29

離開家鄉時抓了一把泥土,敘利亞難民傑明沿路又撿到一顆羊的糞便混著泥土,每每思念故土時,禁不住悲從中來。

難民教授與小乞兒

在伊斯坦堡的觀光區，晚霞把海邊那座承載幾百年歷史的清真寺染成一片金黃，寺前群鴿搶食遊人為牠們準備的晚餐。喚拜聲響起，召喚穆斯林禮拜，寺內氣氛肅穆莊嚴；寺旁的香料市場內，燈火通明，人聲鼎沸，交易正旺。

2014 年 11 月的一個黃昏，土耳其慈濟志工胡光中特別來到這裡，他不是為了買香料，也不是來看風景，而是想瞭解，近年來開始出現在這區域，以街頭乞討維生的一群人到底是誰？

眼前走來一位光著腳丫，向遊人乞討的小女孩，胡光中輕聲問著她：「妳從哪裡來，是敘利亞嗎？」看著小女孩，胡光中惻隱之心油然而生，「妳可以帶我到妳家看看嗎？」於是小女孩領著胡光中，坐了一段火車、走了一段路，來到一個都是敘利亞人生活的區域。

敘利亞難民湧入土耳其已經三年多了，但直到那一刻，胡光中親眼看到婦孺棲身屋外、路旁，孩子們在垃圾桶翻找食物，才體會到逃難來土耳其的敘利亞人生活有多困難！他開始思考，「我能為他們做些什麼？」但土耳其慈濟志工僅個位數，哪來人力解決上千人份發放、籌備的大大小小事情？正在傷神之際，胡光中遇到主麻教授。

主麻教授是個古道熱腸的敘利亞人，原本在敘利亞的大學教阿拉伯文，敘利亞動亂發生後，只能寄寓在土耳其。他知道必須為處境艱難的同胞做些事情，可是缺乏財力、物力；苦無對策之際，透過曾在敘利亞讀書的臺灣學生推介，與胡光中聯絡上。於是兩人開始合作，從此在土耳其的土地上，為敘利亞難民開啟一條希望之路。

他們發願「要讓街上乞討的敘利亞孩子，都變成背書包上學的孩子」。

攝影：蕭耀華
2014.11.10

伊斯坦堡觀光區夜涼如冰，落難的敘利亞家庭為了生計，坐在街頭，伸手向遊人乞食。

攝影：蕭耀華
2014.11.06

難民露宿街頭無家可歸，全家家當都在眼前。

攝影：蕭耀華
2014.11.06

為了了解敘利亞難民的需求，挨家挨戶訪視，這位媽媽說到辛酸處，淒然淚下，她迫於生活，讓三個只有十三、十一和九歲的孩子外出當童工，賺取微薄薪資。聽到這位媽媽的無奈與傷痛，主麻教授（左一）、慈濟志工胡光中、周如意也忍不住為她落淚。

攝影：余自成
2014.12.08

家訪不只在白天進行，有些家長
白天不在家，志工只能利用晚上
拜訪。周如意（中）拿手電筒為
胡光中（左）照明看住址。

攝影：余自成
2014.12.06

因租金便宜，難民家庭多是住在
地下室或是頂樓；慈濟志工周如
意結束家訪離開時，不捨地蹲下
來向小朋友道別。

攝影：余自成
2015.05.28

阿和默特（Ahmet）居住的地方老
舊，其他樓層無人居住。

用愛造一棟千萬人的家

我們都是一家人 ————

「希望有一天,全世界沒有武器,不用護照,不分別是美國人、亞洲人、阿拉伯人,在地球上生活的都是兄弟姊妹。」慈濟在為敘利亞難民的發放活動中,一位協助的難民志工感動地這麼說。

土耳其慈濟志工胡光中告訴他們:「這兒是我們的家,我們是一家人!」他衷心期待,難民們能把這兒當作家。

2014 年 11 月 8 日至 9 日、15 日至 16 日連續兩個週末,慈濟志工分別在土耳其阿爾納武特市(Arnavutkoy)與蘇丹加濟市(Sultangazi)進行毛毯及生活物資發放。這是慈濟志工胡光中和敘利亞的主麻教授,合作為敘利亞難民付出的開端。在議員睿智德米(Zeki Demir)的引介下,得到兩地市長、官員們的大力支持。

在發放之前,主麻教授帶著他的同胞,事先到敘利亞人聚居的區域入戶訪視,篩選發放對象,並邀請他們擔任發放志工,胡光中等人就忙著去準備發放物資。

發放典禮開始,銀幕上出現中文、土耳其文、阿拉伯文三種字幕,敘利亞志工與慈濟志工一起,帶著大家比手語,合唱著慈濟歌曲〈一家人〉「……因為我們是一家人,相依相信,彼此都感恩;因為我們是一家人,分擔分享,彼此的人生。」隨後發放時,志工右手貼胸,向每一戶受助家庭道聲:「感恩!」再彎腰奉上毛毯給民眾。

感受到慈濟不分宗教、種族的平等大愛精神,主麻教授非常讚歎證嚴上人的「普天三無」理念——「普天下沒有我不愛的人、沒有我不信任的人、沒有我不原諒的人。」他分享著:「以前不了解佛教,現在明白原來伊斯蘭與佛教的道理是一樣的,都是以愛人、寬大與和平的心奉獻愛!」

攝影：蕭耀華
2014.11.08

慈濟關懷在土耳其的敘利亞難民，
發放生活物資時，志工引導難民
排隊進場。

攝影：蕭耀華
2014.11.08

發放生活物資，透過有序的發放
儀式，慈濟志工表達對受助者誠
摯的尊重。

攝影：蕭耀華
2014.11.08

有毛毯，過冬不愁了。

海上沉船　覓慈濟

「我們的船一點一點往下沉，我們船上有四十五個人，你們叫土耳其人來救我們就好了，很近的，趕快過來把我們帶上岸。」2015 年 9 月初，土耳其慈濟志工胡光中接到來自海上的求救訊息，一艘載滿四十五人的難民船逐漸往下沉。

逃亡到土耳其的敘利亞難民，因為沒有正式的身分，要找工作討生活並不容易，因此有些人選擇繼續偷渡到歐洲，但首先要越過地中海就是一場生命的賭注。

胡光中接到電話時心想：「不會吧？他們現在正在海上！」於是趕快打對方給的電話號碼，電話那頭有人接起來，胡光中緊張地問他：「你們是在什麼地方？我這邊是臺灣的慈善團體。」對方說：「對！對！對！你們趕快叫海防過來。」通話的過程中，可以聽到小孩與婦女的哭聲掩蓋掉海浪聲。

胡光中與妻子周如意透過土耳其政府、朋友，以及臉書等不同管道，搶救這四十五個人的生命，最後總算讓這些難民，全部平安地回到陸地。

2015 年 9 月 3 日一張敘利亞三歲難民兒童艾蘭・庫迪（Aylan Kurdi）偷渡溺斃，

小小身軀被沖到希臘海灘上的照片，震撼了全世界，也引發全球對難民艱困處境的關注。

嚮往歐洲美好的生活，許多難民選擇從土耳其繼續渡過地中海，由義大利或希臘進入歐洲，但因船隻超載或風浪等因素，船隻往往不幸在途中沉沒。根據聯合國難民署表示，有資料的數據顯示，2014 年間葬身地中海的難民人數為三千五百人，2015 年上升至三千七百七十一人，2016 年全年更是超過五千人以上！

敘利亞主麻教授分析，難民會離開土耳其，最大的問題是他們沒有正式身分，在土耳其謀生不易，無法應付生活上的開支。他們沒有錢去看病、沒有錢吃飯、沒有錢付房租。因此，前往難民福利較好的歐洲，便成為他們最堅定的夢想。

長期關懷敘利亞難民的慈濟志工周如意很感慨：「每天都有很多難民在海上漂流！」她反而認為，土耳其應該更適合敘利亞難民，因為這是一個穆斯林的國家，不管是吃的方面，或者是信仰方面，都非常適合。而慈濟志工幫助他們，則是希望能做到讓他們能在此地安身、安心地過生活。

攝影：余自成
2015.10.30

搭船渡海是難民的另一種選擇，
但是海路風險更高，海邊經常出
現救難人員為難民急救的畫面。

第三章

攝影：余自成
2015.10.30

那是個寒冷的冬天，清晨三點日出前的海岸，六名難民擠在一艘三人座的橡皮艇上，用雙手搖槳，從土耳其位於愛琴海地區的西南部博德魯姆（Bodrum）港口偷渡到希臘科斯島（Kos Island）上岸，為的只是能找一個安身立命之地。

重逢燃希望　裁縫師不哭了 ————

「就這樣，打個結。」敘利亞婦女法娣瑪（Fatima）在敘利亞時是位有名的裁縫師，基於跟著丈夫逃難的敘利亞婦女要照顧小孩，無法外出工作，所以她召集婦女到她家教授手藝，做些手工貼補家用。

她們一針一線勾出每一雙鞋、每一件衣服，一天只能賺五塊土幣（約新臺幣六十元），法娣瑪表示在這裡沒有機器，只能夠用針來做手工，其實她們是有技術的，假如有機器可用的話，就可以靠自己的能力自力更生。機器一天可以賺一百塊土幣（新臺幣一千一百四十元），慈濟志工知道了她的需求，透過網路尋找機器。

逃難到了土耳其，法娣瑪三年未碰過機器，志工帶她找到機器時，她仍可熟練地操作著，並喃喃自語：「就是它（縫紉機）！就是它！就是它！我確定是的，我坐在它旁邊，跟它在一起二十年了。」

2015 年 4 月，志工資助購買，她仔細檢查每一個零件，甚至開心親吻，在回家的路上，她喜極而泣，對未來充滿希望地說：「十五年的辛苦全付諸流水，我要從這臺機器開始，重新再把家建立起來，謝謝你們給我這個機會。」

法娣瑪有了這臺機器，就像有了全世界：「現在呢？我不要睡覺，我不愛睡覺，我要工作！至於哭呢？今天之後再也不會了！」這是三年來，法娣瑪最開心的一天。

攝影：余自成
2015.04.29

一臺縫紉機（編織機）帶給裁縫師法娣瑪（Fatima，右）無比的驚喜，慈濟志工挨家挨戶地訪視，得知她的專長，給予最適切的幫助。

沙漠中的泉源——滿納海

一位領到物資的難民媽媽問胡光中：「我可不可以把毛毯和米賣給你？孩子好多年沒有讀書了！」難民媽媽的眼神難以迴避，想到這些日子以來，看到九歲不會寫自己名字的孩子、因戰亂受創失去說話能力的孩子，還有在街頭上行乞的孩子……胡光中心像撕裂了般，一直尋思著，「我能為這些孩子們做什麼？」

在土耳其，敘利亞學童所讀的學校稱為「讀書樓」（okul salonu），並非當地正式的學校，而是土耳其政府因應臨時湧入的敘利亞難民及兒童，開放給私人開設的學校，意義上類似私塾。

多數的讀書樓是由敘利亞臨時政府及利比亞政府聯合管理，由敘利亞臨時政府供給書籍及聘請老師、利比亞政府辦學後考試，給予通過的學生利比亞的學歷證明。2014 年 9 月，土耳其政府新修法令，到隔年下學期結束，將由土耳其政府和敘利亞教育事務委員會合作，敘利亞孩童改就讀土耳其學校，不再接受新的敘利亞學校申請。

在評量就讀土耳其學校語言、文化、費用等各方面差異之後，敘利亞的主麻教授下定決心與其他幾位老師一起向土耳其蘇丹加濟市教育局申請辦學，主麻教授跟副市長貝克·寇趣（Bekir Koc）說：「我們不是來向你要求幫助，我們是來幫你解決問題的！」副市長說：「從來都是人家來向我要求協助，只有你們是來幫我解決問題！」

兩邊相談甚歡，副市長親自帶他們去見市教育局局長亞伯拉罕（Ibrahim Demir），教育局長一口答應，隔天就找了三個地方給主麻教授參考。然而，其中一所的家長會長提出反對意見，讓校長不敢答應，而且這位家長會長不僅在市政府的網站上留言，還到教育局抗議。教育局長回答他說：「幫助敘利亞難民是國家既定的政策，這些小孩不讀書，將來不僅是敘利亞的災難，也將是土耳其的災難！」年僅三十五歲的教育局長，止息了抗議風波，並主動向市長阿里·烏斯郎麻（Ali Uslanmaz）解釋，在市長的大力支持下，敘利亞難民學校終獲正式批准成立！

然而，孩子們復學並不是那麼容易的事，當胡光中和主麻教授一一訪視這些敘利亞家庭時，他們發現成年的敘利亞難民依規定不能工作，因此只好讓孩子去當童工，每天工作十三個小時，賺取六、七百元的工資，正好補貼家庭租房的費用。

胡光中和主麻教授想出補貼孩子工資給家庭，換取孩子復學的方案，當回來臺灣向慈濟花蓮本會尋求支援時，證嚴上人慈悲地告訴他們：「把孩子找回來吧！孩子現在沒接受教育，幾年後會變成怎麼樣？因

為戰亂生活顛沛流離，如果孩子心中種下了仇恨的種子，後果是無法想像的！」

就這樣，由慈濟出資，土耳其政府提供場地、水電，主麻教授等敘利亞教育工作者成立教學團隊的「滿納海（Menahel）中小學」，2015 年 1 月正式開學，學校名稱阿拉伯文發音為 Menahel，意思是「沙漠中的泉源」，取其知識如泉湧，源源不絕之意，而且是土耳其第一所正式成立、半公立的敘利亞中小學。

2015 年 7 月 24 日，當土耳其慈濟志工胡光中、周如意與余自成等人，陪同土耳其蘇丹加濟市教育局長亞伯拉罕、前副市長貝克・寇趣，以及主麻教授來到臺灣花蓮的靜思精舍，感恩證嚴上人及慈濟的時候，主麻教授用阿拉伯文寫了一首詩致贈給證嚴上人：

「願真主阿拉賜和平予您與您的弟子，也賜千萬個和平予深陷苦難的同胞。來自真主的和平與慈悲溫柔與您同在，我注視著來自您閃亮眼神的光，猶如明燈，永晝不滅。您是數百萬求助無門人的慈母……」

攝影：慈濟基金會提供
2015.07.24

敘利亞主麻教授（左）恭讀他為證嚴上人所寫的詩以表達感恩，土耳其志工胡光中（右）現場翻譯。

攝影：蕭耀華
2014.11.11

由善心人士捐款支撐的讀書樓內，
教長正為小朋友上可蘭經課，並
在這裡提供難民孩童免費食宿。

攝影：黃世澤
2015.10.21

由善心人士捐款支撐的讀書樓，
孩子在簡單的環境中接受教育。

用愛造一棟千萬人的家

攝影：蕭耀華
2014.11.11

讀書樓內提供難民孩童免費食宿，
然而經費拮据，一切因陋就簡，
孩子們席地而坐共食。

用愛造一棟千萬人的家

攝影：余自成
2014.11.30

如何幫助在土耳其的敘利亞難民，
慈濟志工胡光中（左）與敘利亞
教授主麻透過親自家訪造冊評估
了解中、小學學生就學情形。

攝影：蕭耀華
2014.11.11

關懷讀書樓的孩子們，慈濟志工
周如意（左一）發放毛毯給小朋
友。

攝影：慈濟基金會提供
2015.07.24

土耳其蘇丹加濟市教育局長亞伯
拉罕（Ibrahim Demir，左一）、
前土耳其蘇丹加濟市副市長貝克·
寇趣（左二）等人在土耳其慈濟
志工胡光中、周如意、余自成陪
同下來見證嚴上人，除報告慈濟
在土耳其援助敘利亞難民情形外，
也帶來敘利亞難民的感恩。

用愛造一棟千萬人的家

第一次向人懇求

「我的一生中，除了真主阿拉之外，從來沒有向任何人請求幫助，我以前在敘利亞是有工作的，我是不需要幫助的……我的意思是，這是我第一次，向人懇求……」

阿德罕（Adham）突然難過、哽咽地說不出話來，前來訪視的慈濟志工胡光中上前，張開雙臂緊緊地大力擁抱阿德罕，靜靜傾聽……

在慈濟第一次為敘利亞難民發放的現場，未在發放名單內的阿德罕，也在旁期待著一線希望，當時他帶著老婆與四個小孩，從敘利亞來到土耳其剛滿兩個月。「因為我的腳沒有辦法工作，有沒有辦法幫助我們？」胡光中拍著阿德罕的肩，與同行的志工說：「我們可能可以幫助他，不過，需要先到他們家裡面去訪視了解。」

阿德罕在敘利亞是通訊行的老闆，內戰讓他舉家逃到土耳其，雖然安全，但生活上遇到困境。患有小兒麻痺的他找不到工作，又要繳付每個月八百元房租，阿德罕只能在家做手工，家中十一歲、十二歲的孩子為了家庭經濟，被迫去當童工，但都還不夠生活上的基本開銷。

那一天，胡光中緊握著阿德罕的雙手，聽他訴說滿心的酸苦，之後慈濟為他添購一臺輪椅電動車代步，也為他兩個當童工的孩子，提供助學金補助，到滿納海中小學就讀。

攝影：余自成
2015.04.27

逐戶訪視直接、重點的援助，慈濟志工胡光中聽見罹患小兒麻痺症的阿德罕（右）的苦。

攝影：余自成
2015.07.09

給他需要，慈濟志工胡光中（左一）給予行動不便的阿德罕（右二）一臺電動輪椅，讓他行動方便。

用愛造一棟千萬人的家

歷盡滄桑的書包

蘇海拉是位十分有學養的女士，現年四十歲，在敘利亞讀到高中畢業，這是十分難得的；一般而言，女生不會讀這麼多書。

為了增加家計，畢業後，她又去職業學校學裁縫，所以在敘利亞時，她做裁縫，先生做文具批發，兩個孩子品學兼優，家庭生活過得很不錯。

但戰爭開始，讓他們整天活在恐懼中，她的家也遭炸彈攻擊，那時大兒子只剩兩個月就可以從高中畢業，卻因為炸彈打到她家，屋頂塌下來，壓到大兒子的頭，在家休養了兩個月，也因為這樣，讓他無法去參加期末考，沒能拿到文憑。

他們偷渡出來時，來到土耳其邊境，不知要如何過去，只好付錢找人蛇集團幫忙，終於逃到了土耳其。一到土耳其邊境，只有兩條路可走，第一條是進難民營，第二條則是搭車子直接到伊斯坦堡，他們與四個家庭共同選擇來到伊斯坦堡。

來到這裡，先生因為長時間工作，不小心被機械割傷了手，行動變得緩慢，年紀又大了，不能找到太好的工作，只能在塑膠射出成型的工廠上班，一個月才賺八百元土幣。大兒子今年十九歲，喜歡讀書的他，卻因為高中沒有畢業，所以無法申請上土耳其的大學。當然也因家裡需要他賺錢，不得不放棄學業到工廠工作，月薪是一千元土幣

雖然有些收入，但日常生活的重擔，讓蘇海拉覺得生活越來越不容易，難民越來越多，所住的房子越換越小，但房租卻比之前還貴，收入完全打平，不能存錢、不能生病，更別想有什麼額外的生活小娛樂支出。

慈濟志工詢問蘇海拉女士是否有什麼心願？她突然正襟危坐，低著頭輕輕地說，現在她們的生活，吃是不成問題，但不瞞大家說，她五個月來就只穿著這套衣服，孩子也沒有可替換的衣服，若可以的話，是否能給她們一些衣服？

再來，作為一個母親，她心中有一個單純的願，就是希望有能力讓兩個孩子能繼續讀書。她的小兒子在慈濟的幫助下，已進入滿納海小學，但她知道在大兒子心中，其實還是想讀書的，大兒子從家裡逃出來時，什麼都沒帶，就只帶著他的高中課本及筆記本。

她從沙發後面拿出了一個看起來就是歷盡滄桑的書包，裡頭裝的全是高三的課本及筆記。當胡光中翻閱著一本本的課本與筆記時，忍不住直說，「這實在是太不簡單了！從敘利亞要逃到土耳其，路途有多麼遙遠、多艱辛？而且書本是很重的，他竟然不怕辛苦，揹著這些書本來到千里之外的土耳其，可見這個孩子是真的想讀書。」

母親難過地說，是否能讓大兒子半工半讀，先去讀土耳其的高中，之後再申請進土耳其大學。不過，她也承認即使能申請進大學，家裡也沒有多餘的錢能供給他念書⋯⋯這時胡光中突然翻到一張她大兒子高三的英文測驗成績單，滿分 300 分，他考了 270 分，讓現場的志工直呼這麼好的成績，沒繼續讀書真的太可惜了！

最後志工告訴蘇海拉女士，請她先不要難過，孩子想讀書的心，慈濟一定會做好評估，看如何讓孩子能再繼續求學。聽到這樣的答案，蘇海拉感恩地說，之前她一直以為他們無法從這場噩夢中走出來，但現在有了慈濟的幫助，讓他們更有信心。

———

攝影：黃世澤
2015.10.20

慈濟志工訪視滿納海中小學學生與家長，蘇海拉手中拿著大兒子的照片，訴說炸彈在家鄉落下時的情景，落寞的內心多麼希望為了幫忙家裡經濟而輟學的大兒子能繼續上學。

用兩百元　換未來的幸福 ─────

「我祈禱這世界，穆斯林或是非穆斯林，了解真正的聖戰不是拿刀、拿槍，真正的聖戰是在教育，讓孩子都有能力面對社會。」敘利亞主麻教授為了孩童的教育，曾經這樣地發願。

有一位十五歲的孩子叫阿曼（Ahmed），每天工作十三小時，賺取土幣七百元養活全家，但老闆規定他一整天工作只能用十三分鐘上廁所。胡光中為了讓他來讀書，直接去找老闆，當老闆知道胡光中前來的用意，立即說這孩子不能離開，這孩子這麼勤快好用，如果讓他走了，他該怎麼辦？於是向胡光中說他不會讓阿曼走，並且要下個月加他薪水一百元，變成八百元土幣。這時孩子突然自己站起來，勇敢地跟老闆說：「我想讀書！」

老闆一聽，更緊張了，就又跟這孩子說，「如果你不走，再過兩星期再加一百元，一個月給你九百元，你不要走！」面對工廠老闆「加薪」的誘惑，胡光中很擔心孩子會屈就於現實生活的壓力留下來。沒想到，到了下午，阿曼還是出現在學校，前來登記讀書，而且慈濟還是僅補助他原先薪水的七百元生活費。

胡光中記得阿曼當時說：「我寧願過七百元土幣的生活，用兩百元來買未來的幸福。」這句話，讓胡光中感動不已，也帶來無比信心。他對孩子及家長說：「你們做了一項正確的決定，應該要感到光榮，這孩子將會好好讀書，做個有用的人。」

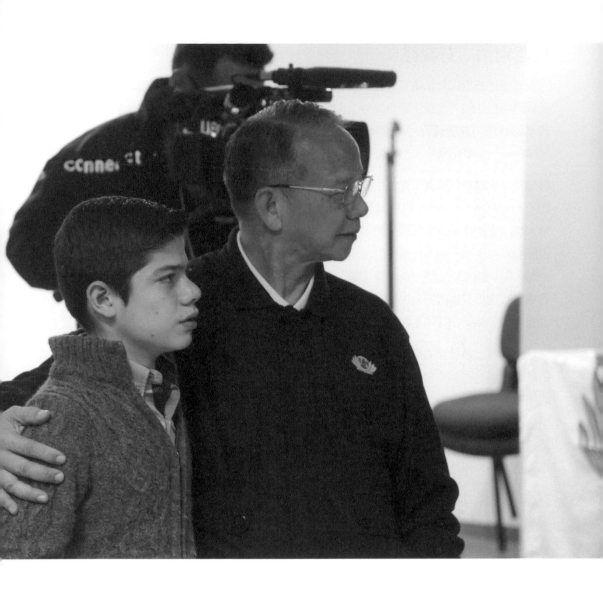

攝影：詹進德
2015.10.19

發放生活補助金給打工學生家庭，讓學生可以安心
上學，孩子求知若渴讓慈濟志工為之動容，志工黃
秋良（右）用溫暖的臂膀鼓勵學生阿曼。

用愛造一棟千萬人的家

爸爸別怕　有我在

「我知道爸爸是因為生病，才會打我，當我緊緊地抱住他，他很快就會安靜下來，我真的很愛我的爸爸。」十四歲的加桑（Gassan）流著眼淚說。

身為長子的加桑在鞋廠工作，但心中夢想成為一位工程師。他每個月工資七百土幣，加上爸爸在成衣加工廠上班，月收入也僅有八百土幣，扣掉每個月的房租六百土幣，僅剩的九百土幣，要維持一家五口的生活費用不是那麼容易，幸好慈濟提供免費入學，弟弟和妹妹才能去學校讀書。

其實，加桑也很希望去滿納海小學就讀，但是由於媽媽先前不相信慈濟真的能夠補貼加桑每月打工的薪資，換取加桑免費入學念書，因為她看過太多的援助組織，光是說說，卻從來沒有做到，而家中真的很需要這筆錢來維持家計。

加桑的父親平時對待家人非常好，但精神疾病一發作時就完全變了人，很容易生氣、緊張，不但會罵人，還會動手打人。懂事的加桑，每每遇到父親病發時，都會默默地承受父親的暴力，絕對不會反抗，為的就是讓父親的情緒趕快安定下來。從當兵時過度緊張開始發病，過去一年大約只發病一個月，現在因為戰爭的關係，來到土耳其加重到六個月，讓加桑和媽媽心情更是沉重，不知如何是好？

媽媽頻頻拭淚說：「我先生的病不發作時，是一個非常好的人，常常告訴我，要好好栽培孩子，才有希望的未來。他完全不知道他病發時的情況，我們也不忍心告訴他，不想讓他喪失自信心，家人們盡全力來鼓勵他。」

逃難到土耳其，加桑變得非常不愛吃東西，雖然有去看醫生和吃藥，但還是吃得很少，媽媽覺得可能是因為長時間工作，加上緊張又太累造成的。但加桑非常貼心懂事，看到志工到來，會主動在門口幫忙排鞋子，志工與家人互動時，還會到廚房燒開水泡咖啡給大家喝。當大家得知他的狀況後，無不傷心難過。

志工再次向媽媽表達，讓加桑讀書的請求，媽媽這次歡喜地點頭了。她說昨天早上去文化局領取現值卡，下午又看到學生真的領取到補助金，身為媽媽的她當然希望自己的兒子能夠受教育，所以今天下午特地跑到滿納海學校，請主麻教授幫忙，希望慈濟能再提供一次機會，讓加桑回到學校繼續上學。

志工滿心歡喜，終於可以讓加桑回到學校讀書，他高興地說：「我當然願意，而且我會很認真地讀書，如果還有多餘的時間，我還是會去打工，幫忙承擔家裡的費用，減輕母親的負擔。」

攝影：李美儒
2015.10.20

加桑（右）的爸爸罹患精神疾病，
會對家人施暴，慈濟志工顧佩珍
心疼加桑的遭遇，忍不住為之鼻
酸。

攝影・李美儒
2015.10.20

除了提供就學、補助生活外，慈濟志工親自
訪問「滿納海中小學」學生與家長，關懷學
生家庭。志工顧佩珍（左二）、蕭芳芬（右一）
牽著學生加桑（左一）返家。

攝影：余自成
2017.07.23

阿拉丁（Alaaddin）一家人，是慈
濟在土耳其每個月照顧的七百多
戶特困戶之一。他們從敘利亞偷
渡來土耳其；阿拉丁表示很感謝
一路上得到許多貴人相助，每天，
兒子阿里陪著雙眼失明的他在街
頭賣水、賣紙巾過日子。

攝影：余自成
2017/07/23

阿里的父親阿拉丁雙目失明，下車時，阿里迅速把他的小手當成爸爸的安全帽，就怕爸爸撞傷頭。

用愛造一棟千萬人的家

我要上學了！

慈濟援助敘利亞難民關懷團，一行二十三人在 2015 年 10 月 16 日晚間，由臺灣啟程，於 17 日清晨五點多抵達土耳其伊斯坦堡機場，經過十三小時飛行，一下飛機，立即驅車趕到滿納海中小學準備發放前置工作。

此行對難民的發放有三項目標：一是對滿納海中小學的敘利亞學童，發放文具用品，還有發給每個班級足球、飛盤、樂高玩具等；二是對一千五百戶敘利亞家庭發放米、糖、油等共十六項生活物資及五十元土幣的現值卡，另外一千戶發一百元的現值卡，總共發放二千五百戶。三是對一百五十二位難民學童發放家庭生活補助金，讓在工廠當童工賺取生活費的學童，能夠重新回到學校讀書。

當慈濟志工邀請學生合力打包時，和敘利亞滿納海學校共用同一所校園上課的土耳其學生愛丹奴分享：「如果真主阿拉給我們懲罰，讓我們有一天也發生戰爭，這時候敘利亞小朋友也會接納我們過去；但是我們不希望發生。」她體會到戰爭的無情，現今有能力幫助敘利亞兒童，就要盡力去做。

發放當天很多敘利亞父母都不相信慈濟的助學補助是真的，不敢貿然讓小孩放棄好不容易才找到的工作，直到親自到會場才相信這是真的，於是又重新提出補助金的申請。

發放現場許多孩子分享他們的心聲，十二歲的伊思拉（Yisila），因為爸爸無法工作，她與大弟的薪水，剛好夠付一個月八百土幣的房租。她說：「我希望能夠回到之前那樣，可以去學校上課，現在因為家庭的關係，我必須要幫爸爸，我必須要去上班打工。」

伊思拉家中的小弟無法上學也無法工作，只能到嬸嬸家做手工，貼補家用。敘利亞婦女法娣瑪（Fatima）說：「小孩子們站在窗前看著外面土耳其小孩去上課，看著他們從學校回來，然後他們難過地都哭了。」

「翻不出來，翻不出來……」在一旁協助翻譯的慈濟志工，聽到這段話淚漣漣，勉強哽咽地說著：「看到小孩子沒有辦法去上課，小孩子在那邊哭。因為還有很多人沒有辦法讀……」

原本應該上學的敘利亞學童阿里（Ali），在一間鞋子工廠工作，每天從早上八點做到晚上八點。他說：「我不喜歡工作，我是因為要幫爸爸、媽媽，所以才工作。」一個月賺取六百土幣，小小年紀的他，成了需要工作十二個小時的童工。所幸，如今又得以重返校園。

恩雅（Eyye）的爸爸主動上臺分享：「我從阿拉伯到這裡兩年半，找了很多地方，都沒辦法找到一所合適的學校，只有滿納

海學校能讓我女兒願意放棄工作去上學。我相信女兒會很努力把握機會，好好讀書。」領取助學金，恩雅感到光榮，她也一起上臺表示，會很勇敢地打敗愚昧，珍惜慈濟所提供的上課機會。

恩雅的媽媽問她：「有想要念書嗎？」恩雅跟媽媽說，她知道家中很需要她去工作，但她更想念書，即使只有一、兩個小時也沒關係。於是媽媽向主麻教授求助，終於獲得這個機會。

恩雅上學的願望實現了，懷著感恩心，她說出內心的話：「衷心感謝慈濟人，從那麼遠的地方來幫助我們。」主麻教授說：「這些孩子為了幫助家庭而工作，我們有義務幫助他們，給予上課求知的機會，不要讓他們成為愚昧的人。」

攝影：余自成
2015.01.25

敘利亞孩童開學，第一天上課欣喜地翻閱著屬於自己的新課本。

攝影：余自成
2015.01.24

2015 年 1 月 24 日是值得紀念的一天，第一所半公立的敘利亞「滿納海中小學」開學；這一天，敘利亞主麻教授（右一）、慈濟志工胡光中（左一）、周如意（左二）站在門口看著天真的孩子，臉上充滿了笑容。

用愛造一棟千萬人的家

攝影：余自成
2015.01.25

第一天上課，老師逐一點名認識
孩子。

第三章

攝影：余自成
2015.01.25

第一天上課，在排隊
的學生人群中，看見
這位不擅表達的孩子
（穆罕默德）獨自站
在「暗角」；老師說：
「來，不要緊張，有
話跟老師說。」

穆罕默德回答：「老
師，我沒收到通知單，
我可以上學嗎？」老師
立刻將穆罕默德帶到
註冊的櫃臺。

攝影：余自成
2015.01.25

在註冊櫃檯的蘇培老
師說：「沒關係，我們
馬上幫你註冊」。

攝影：余自成
2015.06.06

在慈濟的幫助下，阿里終於又能
夠坐在教室裡安心地上課。

攝影：余自成
2015.05.06

十一歲的敘利亞難民童工阿里，
曾經在鞋子工廠每天站著工作長
達十二小時。

看見三十多萬個希望

「我有兩個孩子，大兒子在病中，我希望你們能為他祈禱；我第二個兒子已逃到歐洲去了，他才十六歲，我將各位的孩子當成自己的孩子，所以我告訴自己要好好教各位的孩子……」主麻教授對著滿納海中小學的家長、孩子們說的這番話，讓許多人紅了眼眶。

2015 年 1 月，土耳其第一所半公立的敘利亞中小學「滿納海」正式成立，提供敘利亞難民兒童（六～十四歲）就學的機會，有五百七十八位學生來上學；迄至 2017 年 8 月，已經成立六所敘利亞滿納海學校，共援助三千六百多位難民孩童復學。這所學校從主麻教授找到同樣是穆斯林又是慈濟志工的胡光中、周如意夫婦，共同研擬構想，由慈濟援助學童獎助金讓孩子們復學；加上蘇丹加濟市教育局長亞伯拉罕、市長阿里・烏斯郎麻全力協調支持，利用當地學校，下午沒上課的空檔給敘利亞的孩童成立學校上課；還有同樣是敘利亞難民的老師規劃教學的方向，才能有這所學校的成立。

「我看到很多死掉的人，然後我害怕地哭……」九歲的馬蘭，現在是滿納海小學的學生，回想起過去的情況。

「我們什麼時候可再回到敘利亞，去拿我的玩具和書本？」當時馬蘭傷心擦著眼淚，久久無法釋懷，媽媽汝菈（Rula）無奈地在一旁，卻只能安撫：「託靠真主，

假如真主讓我們回去，我們就可以回去……」

2012 年冬天，一家人偷渡來到土耳其，兩天兩夜沒吃飯，大家又冷又餓，只好向路人乞討。汝菈說：「那真的是我最困難的時候，我這一生永遠都不會忘記，我告訴孩子們，沒關係，我們回敘利亞，死在敘利亞也好。」戰火無情，人間有愛，在土耳其鄉親的協助下，他們有了遮風蔽雨的家。

但現在不一樣了，汝菈充滿了希望：「有了這個學校，我們好高興，因為有了它，我們忘記了所有過去的痛苦。」

失學三年的馬蘭，在慈濟的助學補助下重拾書本，戰爭的傷痛也漸漸撫平。馬蘭的父親歐麻兒（Oumaer）說：「非常多的感謝，特別是建立學校，教育是我們的希望，謝謝慈濟、謝謝老師們為建立學校所做的努力。」

馬蘭展露笑顏，現在他最快樂的事，就是可以上學，可以讀書，他感受到：「老師很愛我，然後我的朋友都很喜歡我。」

走進滿納海學校，校園中「蘇菲旋轉舞」展現出另一種希望的氣息，擁有十四年教學經驗的烏沙瑪（Osama）校長及學校的老師希望透過音樂與舞蹈，撫慰孩子們的心，消弭他們經歷戰亂後的心靈創傷。

媚思（Meisi）就是其中一位，當敘利亞的家被炸彈攻擊時，她正在屋裡，聽到炸彈爆炸的巨響之後，她經歷兩個小時重新聽得到聲音，從此半夜常做惡夢，也開始不與人互動，表達出現問題。直到來到滿納海學校上課之後，媚思才又可以問問題、舉手回答，並且自己寫功課。媽媽葉思敏（Yesimin）表示：「感謝真主，不光是去學校，後來症狀減少很多了，而且也可以和大家一起出去，改變很多，感謝真主。」

許多和媚思一樣不敢講話、不會表達的敘利亞難民孩童，在眾多愛心的陪伴下，以及學校團體生活的互動下，漸漸也可以跟別人溝通了。慈濟志工希望用愛持續陪伴每一個敘利亞家庭，直到他們回家的那一天。

在滿納海學校不收費的帶動下，原本土耳其的兩百五十五所敘利亞公立學校都要收費，如今教育部正式宣布不再收費。而且循著這樣的援助教育模式，聯合國在2015年10月起，開始為敘利亞學童辦學，一年下來，已經有超過三十萬名敘利亞難民學童接受教育，迎向希望的未來。

———

攝影：余自成 2016.03.31

這是我的書包！

攝影：李美儒
2015.10.17

土耳其學生很歡迎滿納海學校的
敘利亞學生與她們共用教室，在
手上寫中文「謝謝」，表達對慈
濟幫助敘利亞難民感謝之意。

攝影：余自成
2015.10.17

土耳其學生 艾斯菲亞（Esfiya，右
一）主動要求慈濟志工幫他們寫上
中文：「謝謝臺灣慈濟（Thank you
Taiwan Tzuchi）。」以表達她們心中
的感恩。

攝影：余自成
2016.04.19

臺灣彰化市南郭國小透過慈濟志工關懷土耳其難民，並義賣募款，跨海援助。滿納海中小學學生製作感恩卡，寫著「我愛臺灣」，感謝來自臺灣的愛心。

攝影：余自成
2016.07.18

慈濟志工胡光中啟發難民孩子「竹筒歲月」的精神，難民也可以成為幫助別人的人。

回捐　給那些沒有的人

「一定不能給!」土耳其慈濟志工胡光中用非常沉重,又十分堅定的語氣,告訴來自臺灣慈濟基金會的同仁邱國氣,「因為發放對象都是經過事先一一家訪,確定是真正需要的人,今天若給了不在發放名單的人,未來就會有更多不在名單內的人來要,苦難的人遠遠超過我們所能提供的,發放會越來越困難。」

隨著發放漸近尾聲,一旁婦人的心愈加急切,有人已經在那裡不斷懇求了三個小時,只求能否給她一點食物,因為家裡還有孩子們在等著。然而,這些人都不在發放名單內,卻紛紛來到現場不斷地懇求,告訴志工他們家一樣也很需要,婦人要不到就換女兒來要。

「發放物資看起來還有剩啊!」邱國氣說。

「一定不能給!」胡光中口氣變得更加沉重,緊蹙著眉頭,「可能有人有事沒來,我們後續會設法將物資送給他們,所以即使發完的物資還有剩餘,也不能給他們。」

封鎖線外一雙雙渴求的眼神,讓人難以迴避,要拒絕他們,實在是件十分殘忍的事;胡光中要大家不要看、不要聽,其實他的心比任何一個人都痛。他告訴大家,前幾次的發放中,有位婦人向他懇求一點物資,因為家裡的孩子生病,卻沒任何東西

可以吃,說著說著,婦人就當場放聲大哭;胡光中轉頭看著邱國氣問他:「此情此景,你覺得我該不該給?」

邱國氣頓然無言,胡光中深呼一口氣繼續說:「最後我還是沒給,因為我不能破壞規矩,就只能和她一起哭……」聽到這樣的故事,大家的心也跟著碎了,心情複雜到了極點,難過到簡直無法面對……

突然間,邱國氣腦中浮現出早上主麻教授發放時鼓勵大家的一段話:「當你得到時,若知道有人沒有,你願不願意從你得到的物資中,捐出部分給那些沒機會得到的人?我們所做的這一切,真主阿拉都知道,也都看得到。」

看著回捐區,大家發心回捐的各項豐富物資,邱國氣靈機一動向胡光中提議:「這些回捐區的物資,不就是他們響應主麻教授的呼籲,想盡自己一分力量捐出來的愛心嗎?我們為何不算一下這些捐出物資的數量,再算一下現場的人數,就將這些愛心物資平均分給他們,圓滿回捐人的愛。相信只要用心跟他們說明這物資的來源及意義,他們一定能接受,更會心生感激,也不會留下後遺症。」

聽到這裡,胡光中二話不說,馬上跟主麻教授討論這樣的建議,發覺大家的心都一樣,於是所有來自臺灣的關懷發放團團員及當地志工,有人馬上去整理物資,有人

協助整隊，並且讓胡光中將為何發放的理由，完整地向發放現場的難民說明。

不可思議的是，每份放入三包回捐的愛心物資，打包下來剛好五十包，而需要的人數總共是四十六戶，竟然恰好足夠！看到這些人一一領到原本奢求不到的物資，那分感動及歡喜顯現在臉上，難以言喻，志工在旁也感同身受。

離開會場時，邱國氣再次向胡光中及主麻教授深深地鞠躬感恩，胡光中語重心長，卻淡淡地說著：「我們只是做了件大家心裡都同樣想做的事。」邱國氣瞭解，因為

難民人數這麼多，大家能做到的只是——盡力圓滿每一分需要，盡力圓滿每一個人的心，盡量不要讓任何人帶著遺憾的心離開……

攝影：余自成
2015.04.25

在發放現場，敘利亞主麻教授（左二）致詞時呼籲還有許多需要幫助的人，若自己足夠了可否願意一起來幫助別人。

攝影：詹進德
2015.10.18

領到物資的難民捐出部分物資，
志工趕緊打包後，再發放給不在
發放名單內的難民家庭。

攝影：詹進德
2015.10.18

志工將難民捐出的部分物資，發
放給不在名單內的難民家庭，圓
滿每個人的需求。

信任的考驗

助學金發放接近尾聲，有位媽媽沒跟孩子一同前來，孩子是一百五十一號。這位媽媽跟胡光中說：「我的孩子因為生病無法前來，可不可以讓我幫忙代領？」

聽到這個理由，胡光中當下直接拒絕，並且告訴她規定不能代領，「是不是等孩子病好了，再帶他來學校領？我們一定會補給妳！」此話一說完，只見媽媽失望、焦急的表情全寫在臉上，不斷地向胡光中說，她真的很需要這筆錢的幫助，「請你相信我，讓我代領，好嗎？」

胡光中說：「如果今天我答應了妳，以後大家都用各種理由找人來代領，那我們該怎麼辦？這樣不就失去辦這活動的意義了嗎？」深怕這筆錢沒有被家長真正用到孩子就學上，胡光中仍十分堅持這個原則。

只見這位媽媽心一橫，告訴胡光中：「好！我請家人將生病的兒子帶過來，你們可以再等我十五分鐘嗎？」看見媽媽擔憂、焦急的神情，邱國氣悄悄地將胡光中拉到旁邊，分享他的想法。

「雖然我們活動訂了原則，要孩子親自來領，但你看這位母親的神情，感覺是真的需要這筆錢應急，我知道你為求平等的心，也擔心破壞規矩，未來不好處理，但我們是否以誠、情的心，先瞭解每個人的個別差異，做出適切的調整與處理。是否就讓這位母親先領回去，接下來我們正好

要去家訪，再去她家關心這孩子的狀況，這樣可以嗎？」

大部分在場的志工，也表達相信這位母親，於是大家達成共識，決定讓這位媽媽先代領。當告知這個決定時，只見她緊握的手頓時鬆開，一直道謝。志工請她留下住址及電話，方便接下來家訪，但媽媽不會寫土耳其文，就從皮包中拿出水電費帳單，請懂土耳其文的胡光中看。

當胡光中看到上面的地址，心裡揪了一下：「啊！這地址離這裡很遠，如果剛才真要讓這孩子趕過來，可能又是一筆交通費，如果走過來，會需要很久的時間！」這時的他，突然對這位母親感到無比的歉意。當她簽完名，時間已經將近晚上八點，看到這位母親離去的身影，走回家的路不知道有多遠，又要走多久？讓大家的心情也跟著沉了下來……

事後，胡光中向大家懺悔，他說：「我又被國氣師兄上了一課！」他坦白當聽到這位媽媽說出孩子生病不能來時，當下心中所起的第一個念頭竟然是——「這是騙人的！」因為心中的不信任，讓他只想用原則來請她離開。

而且，證嚴上人說過——「普天下沒有我不信任的人」。胡光中說：「這次我真的沒有做到！但國氣師兄是真的相信這位媽媽所說的，『孩子生病了，媽媽要趕緊領

這筆錢去應急。」而且進一步關心這個孩子及家庭後續是否有需我們幫忙的地方？例如醫藥費等等。」

隔天，依著那位媽媽留下來的電話號碼打過去，兩天後，電話終於打通了，爸爸驚訝慈濟人怎麼還會再打電話來關心孩子的病情，他感動地說，「孩子的感冒已經好了，我會親自帶孩子去學校向你們感恩，而且我也想要來當慈濟的志工。」

這件事讓胡光中對慈善工作又有新一層的體會，做慈善不能死守規定，而是「方中有圓，圓中有方」，如此才是有情、有理，又有法的濟助方式。

攝影：余自成
2015.10.19

焦急的媽媽向慈濟志工胡光中說明希望能代領的原因，胡光中也表明立場與原則，希望等孩子親自來領。

愛，一輩子都記得

臺灣慈濟敘利亞難民關懷團在當地慈濟志工帶領下，前往米瑪（Mimor Sinan）學校交流及用餐，巧遇法蒂瑪‧卡雅(Fatima Kaya)老師，看到「藍天白雲」慈濟志工的身影，她主動過來表明曾經住過慈濟在都覺市（Duzce）援建的大愛帳篷區長達兩年，讓團員們莫不驚喜萬分。

1999 年土耳其發生大地震，慈濟志工急難發放，並援建都覺市（Duzce）大愛帳篷、哥覺市（Goluck）大愛屋。法蒂瑪老師的故鄉即在都覺市，她十八歲時在外地讀大學，地震發生後趕回探視，家園倒塌，許多鄉親與好友喪生瓦礫堆中，她感到很難過。2000 年初，她與家人、親戚遷入慈濟在都覺市所提供的大愛帳篷區，兩年多後，舉家搬到土耳其政府建設的房子居住。

「慈濟志工在那麼遠的地方，怎麼知道要來關懷我們？」法蒂瑪老師回想十五年前慈濟為鄉親帶來的援助，「建設大愛帳篷期間，志工長駐三個月與我們互動，很關心我們的食衣住行，所致贈的生活包，其中用品準備得很齊全，鄉親們都很驚訝。」慈濟的幫助讓法蒂瑪老師非常感動。

法蒂瑪老師說：「媽媽最近身體不大舒服，如果知道慈濟志工來到這兒，她會很開心！」就像家人久別重逢，她說：「我會一直為證嚴上人和慈濟志工祝福，一輩子記得慈濟。」

攝影：林鳳琪
2000.01.12 ~ 2000.01.16

土耳其於 1999 年 8 月 17 日發生芮氏規模 7.4 強烈地震，慈濟志工前往賑災關懷，捐贈大型帳篷，先讓受災民眾入住，安身與安心作即時援助。

攝影：李美儒
2015.10.21

如同家人相見一般，臺灣、土耳其慈濟志工參訪米瑪學校，巧遇英文老師法蒂瑪卡雅 (Fatima Kaya，右二)，她曾在 1999 年土耳其大地震時，住過慈濟在都覺市援建的大愛帳篷區，事隔十多年見到熟悉的藍天白雲身影，她忍不住主動地與慈濟志工胡光中(左一)、周如意(左二)、臺灣慈濟基金會宗教處同仁邱國氣(右一)提起往事，表達思念與感恩。

請不要遺棄我們

2016年7月土耳其發生政變，整個國家政情非常混亂，政府禁止集會活動。此事引起滿納海學校師生恐慌，深怕慈濟每個月固定援助的活動集會無法進行，於是寫了一封信，給土耳其慈濟志工胡光中，道出他們心中的憂慮和心聲！

「敘利亞人今天生活在一個非常困苦的時期，也許是人類歷史上最困難的時期，人們失去他所愛的，父親失去了孩子們，母親失去他的嬰兒，孩子失去他們的笑容，甚至可以說偷走了他們的夢想，男女老少通通面對著生活上的困難，這些困難讓他們連生活上的基本需求也達不到，穿不暖，吃不飽，孩子婦女都必須工作，因為物質的缺乏，很多的男人與太太離婚，很多的父母把孩子趕出家庭，所有可以想像到的悲慘的事情都發生在敘利亞人的身上。

這種情況一直到我們碰到了慈濟，你們到了土耳其解除人們的痛苦，聽到他們的心聲，回答他們的需求，人們開始有了希望，他們開始希望自己的未來可以成為什麼樣子，開始為他們的孩子計劃什麼時候可以上學，開始可以像別人的家長一樣去計劃孩子的課業，你們伸出手去幫助孩子們可以得到教育，你們開始做義診中心，你們在這裡成了敘利亞人的慈父、慈母，只要他們一有問題，第一個想到的就是到慈濟去請求協助，誰心中有了痛苦，第一個想到的就是慈濟，你們可以幫敘利亞人解決所有的問題。

一直到在這一個地區所有孩子都可以讀書，所有病人都可以醫治，你們撫平人心中的怨恨，人們開始不會有嫌隙或者是怨恨彼此，反而人們開始會散播愛的種子，他們心裡面有了希望，孩子們臉上有了笑容。

非常感謝你們，從心裡面感謝你們，對我們所做的以及站在我們這一邊，為我們著想，並傳播愛給我們，痛我們所痛，苦我們所苦，不管我們謝謝再多也無法回報我們對各位的恩情，我們只能夠祈求阿拉在後世給予各位吉慶。

求求你們，再求求你們不要放棄我們，不要丟棄我們，因為你們的善讓我們知道世界還有善的存在，在蘇丹加濟市的敘利亞人從你們身上看到了希望。以孩子的名義，我想告訴你們，重回他們臉上的笑容，是你們給他們的，請你們不要把這希望的大門關上，以學校工作人員及老師的名義，我們感恩您們的慷慨以及人道，你們不會把我們丟下，從你們身上，我們看到了人道、愛，以及兄弟之情，這在我們之前在別人身上是很少看得到的這種情誼，請你們讓我們保留下來，請你們不要遺棄我們，請你們把我們的心聲，告訴所有的慈濟人，謝謝你們的人道援助，謝謝

你們的愛，謝謝你們和我們在一起，謝謝你們為敘利亞的難民所做的一切……

滿納海三校行政人員及所有教職人員敬禮」

慈濟沒有放棄他們，所幸在當地市長的允諾下，最後在慈濟義診中心的一樓辦理小型發放，解決了這個難題，讓敘利亞難民繼續朝著希望前行。

———
攝影：林冠葳
2016.11.02

為了感恩來自臺灣、全球各地的愛心，透過 2016 年海外培訓委員慈誠精神研習會，土耳其志工胡光中分享三位慈濟人如何在土耳其關懷敘利亞難民，除了發放、義診，更為了讓難民孩子們能回到學校，團隊經過了多年的努力，讓難民們從猜忌、排斥到信任，孩子終能快樂地上學，他希望傳達這一分愛，讓敘利亞難民繼續朝著希望前行的力量。

用愛造一棟千萬人的家

攝影：余自成
2017.08.06

走過苦難，許多難民祈禱時都不
禁落淚。

義診中心鄉情濃

新手爸爸阿里，懷抱著未滿周歲的兒子要就醫，他是來自敘利亞的難民，最擔心和醫師語言溝通不良，無法看病！但沒想到，來到慈濟義診中心，看診的醫師卻是同文同種，逃離自敘利亞的專業醫師！而且，義診的醫師竟然認出，阿里小時候也是他在敘利亞的病患！

醫師笑著說：「阿里小時候也這麼愛哭！」

頓時，診間內傳來兩位大男人渾厚的笑聲，找到可以完全信任的族人，醫病關係不再緊張。在慈濟義診中心裡，難民們不只來看病，更來尋找那分親人般的歸屬感。

為了能更完善且全面地服務敘利亞難民，在蘇丹加濟市（Sultangazi）市長提供場地下，慈濟於 2016 年 3 月成立義診中心，並在難民中尋找敘利亞的醫師，「以工代賑」讓他們提供醫療與諮詢服務。

慈濟義診中心剛開始就診病人不多，但很快地口耳相傳，求診人數持續增加，9 月之後，每月達七千診次，每天近三百人。婦科醫師面對穆斯林婦女有醫療的困難，幸好有接生婆協助，解決難題。此外，假日時則安排滿納海學生分批進行健康檢查。

「來義診中心的難民一半是沒有病，他們來是尋求家的感覺。」慈濟志工胡光中說，醫護人員是敘利亞人，求診的也是敘利亞人，異地相逢在義診中心，濃濃的故鄉情，總會慰藉著逃難中的空虛心靈。

「世界醫師聯盟」在蘇丹加濟市的負責人拿茲里先生，原本對慈濟抱持懷疑態度，但在了解之後，反而捐贈物資給慈濟，希望透過慈濟幫助需要的人；而且他們也為滿納海學校老師教授心理課程，幫助老師深入了解並引導這些曾經飽受戰爭摧殘的敘利亞孩子。此外，還有法國「世界醫生聯盟」，也希望透過慈濟這樣有公信力的國際組織，提供藥品給敘利亞患者。

看到這些年來大家為敘利亞難民的付出，逐漸顯現成果，胡光中欣慰地說：「以前是難民偷渡，現在是覺得充滿希望；以前看到孩子乞討哭泣，現在他們覺得被愛；以前遭遇戰爭與心碎；現在卻是與家人、朋友在一起，覺得被愛與關懷。」

攝影：余自成
2016.07.12

慈濟志工成立難民義診服務中心，為敘利亞等難民提供醫療服務。圖為醫師為難民孩童診療牙齒。

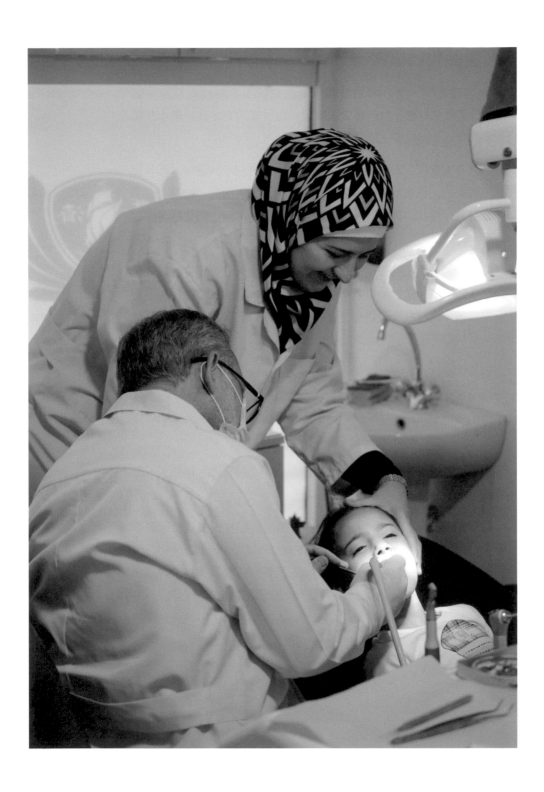

用愛造一棟千萬人的家

落難醫師找回尊嚴

「我們強顏歡笑，內心卻如玻璃落地般破碎！」敘利亞醫師卡薩（Kasa）從來沒有想過自己會變成難民，失去了所有，連最基本想保有尊嚴的生活，都成了一種奢求。

曾經擁有多家診所，甚至是醫院院長，這一群敘利亞籍醫師，因為戰亂而流離失所，逃到鄰國土耳其避難。成了難民的他們，曾經失去了醫師的身分，現在終於因為慈濟義診中心的設立，讓他們又能再度發揮功能，特別是照顧自己的鄉親。

卡薩說，醫師在敘利亞的地位是最高的，同時也代表著頂尖的收入，大約是一般人的十倍，過著奢華的生活。但因為戰亂，有的醫生不得不脫下白袍，到校園應徵清潔工餬口，即使最有名氣的醫生也難逃此命運，生活瞬間從天堂墜落到地獄！

慈濟義診中心主任薛海勒醫師（Dr.Shaher Alfareh）也說，過去他有自己的診所、車子及房子，擁有很多東西，現在全都失去了。「記得我帶著孩子逃離家園時，當時彈如雨下，雖然我們失去了所有東西，但卻活命下來了，我感謝真主阿拉！」

薛海勒是位影像專家，也是第一位來到義診中心的醫師，他每天看診人數雖然會超過百人，但是心裡卻很快樂。

曾經在敘利亞北部城市阿勒坡（Aleppo）擔任紅星月會主任及阿勒坡孤兒中心負責人的阿布都醫師 (Dr. Muhamed Abdulla)，擁有三十年行醫經驗，每次看診都很有感觸，「只要重新見到以前在敘利亞的病患，我都會抱著他，流下眼淚，因為戰亂逃難，醫師和病患很難再相遇。」醫生變成難民，所以即使遇見從前在家鄉很討厭的病人，現在竟然是一見面，就擁抱在一起，氛圍如同在為自己家人看病般的放心、親切！

攝影：余自成
2017.01.05

敘利亞家醫科醫師卡薩（Kasa，右
一），從來沒有想過自己會變成
難民，失去了所有，連最基本想
保有尊嚴的生活，都成了一種奢
求；遇到慈濟後，在義診中心駐
診，救助同胞外，也找回尊嚴。

用愛造一棟千萬人的家

賽曼最後的希望

2017 年 8 月 8 日這一天，四十歲的薩巴女士憂心忡忡地抱著出生才六個月的孫女賽曼，走進土耳其聯絡點找慈濟志工求救。

這裡對薩巴女士來說並不陌生，她是慈濟長期生活補助的特困戶，每個月都會固定來這裡走一走，聽聽慈濟志工的分享，與難民朋友之間相互打氣，在艱困的環境下，提振自己的心靈。但今天她心情卻顯得不太一樣……

懷抱中的孫女賽曼四隻手腳變形，薩巴女士告訴志工，孫女出生時就已經這樣了，只是醫生說要六個月後才能開始評估，所以她已經找過了五家公立醫院，但因為土耳其公立醫院沒有整型專科醫師，所以一直無法為孫女動手術。現在終於找到了一家有名的整型外科醫師，願意為孫女開刀，但手術費用卻需要一萬元土幣（約新臺幣八萬五千七百九十三元）。

對於每個月都還接受慈濟三百元土幣濟助的薩巴女士來說，一萬元土幣簡直是個天文數字，但全家人還是想盡辦法四處籌措，甚至向已經逃到德國的親友們借了四千元，親友們生活也很困難，千萬拜託她一定要還這筆錢，但即使這樣，仍然還不足三千元。在無計可施的情況下，薩巴女士想到了慈濟，這是她最後的希望。

了解事情的狀況，慈濟志工告訴薩巴女士，慈濟會幫助她七千元，三千元補足差額，四千元讓她先還德國難民親友，畢竟借錢給她的親友日子也不好過。胡光中要薩巴女士安心，趕緊帶孫女去治療，若還有住院等費用要支付，也不用擔心。薩巴女士聽了，欣慰地放下了心中的石頭。

8 月 11 日手術當天，主麻教授、胡光中及周如意等人，一早來到醫院等候及陪伴家屬。為小賽曼動刀的巴森醫師是醫院裡唯一的敘利亞醫生，在敘利亞非常有名，當他看到有這麼多人前來關心他的同胞，表示非常地開心！周如意抱著小賽曼逗她開心，小賽曼的臉龐也漾著笑容，一直笑個不停。薩巴女士說：「謝謝 Nadya（周如意），我真的非常開心！」

手術非常成功，只是當志工再次前往醫院關懷時，小賽曼從原本的笑臉換成臉頰都是淚和皺著眉頭的臉，開刀的不舒服和四肢都綁著繃帶的痛苦，全顯在小嬰兒的臉上，媽媽細心地把她放在舒適的床上、墊著枕頭，輕輕地撫摸她。

出院的當天，媽媽抱著小賽曼走出病房，走進電梯裡，小賽曼睜開大大的雙眼，看著慈濟志工，笑得好甜、好美、好燦爛！

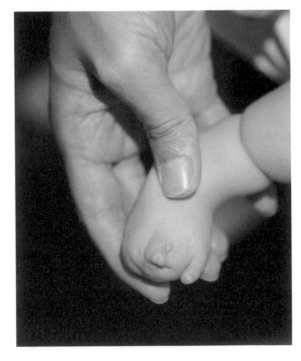

攝影：余自成
· 2017.08.08

賽曼出生時四隻手腳即變形，她
是慈濟長期生活補助的薩巴女士
的孫女，因為手術費用高，媽媽
帶著賽曼和阿嬤薩巴女士來會所
求助。

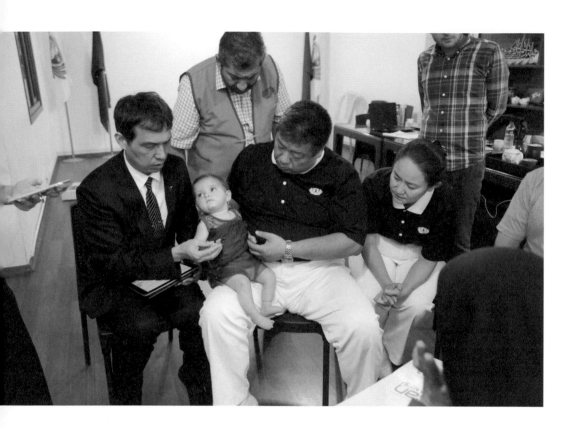

攝影：余自成
2017.08.08

賽曼抬頭望著從臺灣花蓮來的慈
濟基金會同仁邱國氣，眼神中似
乎表達這是她最後的治療希望。

攝影：周如意提供
2017.08.11

經過慈濟志工的協助，賽曼終於
得到治療，志工周如意抱著手術
完的賽曼，內心是多麼心疼啊！

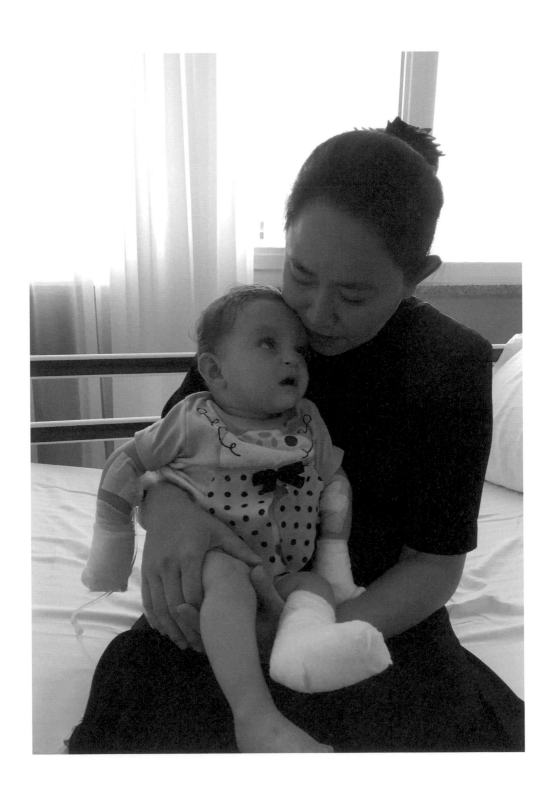

用愛造一棟千萬人的家

愛的系統 連結「心」家

二十八歲的年輕人巴謝爾 (Basel Khalil)，他是滿納海四校的副校長及義診中心資訊主任。大家稱他為系統設計天才，義診中心軟硬體連結及發放系統都是他設計的。

義診中心從 2016 年 6 月啟業，一年多來，已經看了十一萬五千多人次，龐大的三萬兩千人的病歷資料，要找資料實在不容易。經過巴謝爾設計電子化病歷系統，醫生看完診後，隨即可以印出病歷資料。

此外，巴謝爾也協助慈濟做發放系統的研發，從提報個案→訪視→開案→通知領取→個案資料管理等，可以有序地匯入系統中。因為慈濟三年多來對敘利亞難民的關心、照顧及陪伴，已取得敘利亞人信任，而且累積比蘇丹加濟市政府更完整的難民資料，該市八千多戶、四萬多名難民中，慈濟已幫助六千多戶，剩下的一千多戶仍陸續進行訪視建檔中。

現在發放前難民會收到簡訊，通知時間、地點前往領取；來到會所報到，只要出示由慈濟核發的卡片，經過系統掃描後即可入場，而難民資料亦可顯現在電腦中。

由於這套系統的建置，讓蘇丹加濟市接連兩次針對敘利亞孩童的疫苗施打率，都是全土耳其第一名，因為整個蘇丹加濟市 50% 以上的敘利亞孩子，都是在慈濟義診中心施打的。

衛生局長（Dr.Emrah Eray）告訴慈濟志工，衛生局人員一一按門鈴，請難民去施打疫苗，但因為他們不是難民認識的人，所以難民不敢去。不過，慈濟用系統發布，只要一通訊息，難民就知道要施打疫苗，便主動前來，甚至還有其他市的難民孩童跑到慈濟義診中心施打。

衛生局長說，這就是難民對慈濟的信任，這點連政府都做不到！而且現在住在伊斯坦堡的人都知道，在慈善、教育、醫療方面，因為有慈濟，伊斯坦堡各市中，蘇丹加濟市是做得最好的！現在政府的義診所及醫院，開始要有敘利亞的醫生，也都是因為慈濟的緣故，才讓政府改變的。

慈濟讓蘇丹加濟市的敘利亞難民找到了「心」的家，現在慈濟會所無形中已成敘利亞人平時凝聚感情的地方；在這裡，他們漸漸尋回安心、信任、踏實的生活步調。

阿里市長也感動地說：慈濟做得比政府還要有愛、有人文。從街頭找難民孩童去上學，給他們溫暖，讓他們甚至比在敘利亞家鄉的生活還要好！

攝影：余自成
2017.08.06

敘利亞難民巴謝爾花了兩個星期，設計一套病歷及
看診系統。現在土耳其慈濟義診中心已完全電子化。
這套系統若請人設計，至少要花六千美元以上。但
他卻以志工身分付出，分文不取。這套電子化系統
協助義診中心更進一步管理病患檔案，在醫生看完
診後隨即可以印出病歷資料。

學校是我第二個家

滿納海學校學生珊卓（Sedra）被問起自己的志願時，她說：「我很高興在土耳其還能有讀書的機會，希望將來完成學業，能成為一名工程師重建家園。」另一位學生拉馬（Lamat）也說：「我要重建我的國家，這個想法支持我繼續努力下去。」

自從 2015 年 1 月借用土耳其公立學校每日課餘的半天時間，成立滿納海敘利亞難民學校開始，兩年七個月下來，慈濟和敘利亞鄉親們合作陸續成立了六所滿納海學校，學生人數也從一校開學時的五百七十八位學生，到現在六校共有三千六百人。

數千名敘利亞孩童紛紛從工廠、街頭返回學校，重新找到充滿希望的未來，避免因為逃難生活而淪為敘利亞失落的一代。他們努力求學，開始思索著未來想當工程師、醫師、教師……期待有朝一日能重返故鄉，貢獻所長，為重建家園盡一分力量。

感恩土耳其政府、教育單位及學校提供敘利亞難民求學的機會和場所，但為求讓敘利亞孩童能有更完備的受教環境及內涵，慈濟志工與敘利亞老師再次向土耳其政府申請辦學，希望能將分散在蘇丹加濟市公立學校內的六所滿納海敘利亞難民學校，合併成為一所完整的敘利亞學校——「滿納海中小學」。

為了完成這個願望，慈濟志工胡光中和敘利亞主麻教授開始尋覓適合的地點，而蘇丹加濟市長阿里也在各方面給予鼎力的支持，最後終於在市區找到了一棟剛完工的大樓。這棟大樓地上七層、地下有兩層半，室內面積三千三百坪，交通十分便利，校門口前有輕軌電車，還有巴士停靠，不論從哪個方向來學校上學都非常方便！

這棟大樓的業主是一對兄弟，哥哥努萊丁・納林（Nurretin Narin）小時候曾當過童工，看到敘利亞童工在土耳其的處境，又感受到慈濟對敘利亞難民的用心照顧，感動之餘，讓他們兄弟倆決定改變租賃合約的內容，全力支持滿納海學校的設立。

弟弟艾罕・納林（Ayhan Narin）用手指著自己的心告訴胡光中：「做慈濟的事，我都是用這裡（心）在做，都是用這裡（心）在說，因為我相信慈濟，也想為孩子付出一分心力！」

哥哥努萊丁也說：「這件裝修若是一般報價，我一定要賺你們不少錢，但我現在卻一毛錢都不想賺！而且完工日期若照外面來做，五個月都不一定完成，但我一定要在三個星期內完成，因為 8 月 20 日學校就要接受驗收，若趕不及，學校就必須等到明年開學。我是被慈濟所感動，同時我所做的一切也要對阿拉有交代！」於是他們開始加緊趕工室內裝潢，規劃出五十二

攝影：胡光中
2016.03.31

難民兒童遠離戰火，在異地土耳其得
到協助與愛，對這群純潔的孩童而
言，能夠上學是何等的珍貴！大家圍
繞著敘利亞教授主麻（左）、慈濟志
工余自成（右），開心比「感恩」
的手勢。

間教室，準備於 2017 年 9 月完工啟用。

學校搬遷在即，7 月 30 日滿納海六校的師生、家長；義診中心的醫護人員，以及志工動員上百人，利用假日在大樓的各個樓層，協助搬運殘磚剩瓦、合力清掃環境，一同為自己的學校付出。每層樓皆有一個團隊認養負責，用人力將一包包的廢棄物扛下樓，人人滿身大汗，卻充滿笑容，因為他們知道每一分的付出都是讓學校儘早開學的重要力量。

不只大人用心付出，滿納海學校的孩子們也穿上背心，不怕髒累來協助搬運發泡水泥磚，做為每層樓教室的隔間。一位孩子的手腕雖受傷，還是跟大家一起工作，即使每塊水泥磚（YTONG 材質）重達 11.5公斤，他也跟大人同樣一次搬兩塊。胡光中說，孩子這麼拚命，是因為他在打工的時候常被老闆打，是慈濟讓他有機會回到學校讀書，所以他一定要為自己的學校出一分力！

滿納海中小學六校的總校長阿米德（Ahmed Aliyan）也一起參與打掃，吃力的工作讓他揮汗如雨，校長說他始終相信這些敘利亞的孩子，「在這樣的目標下，可以讓我們的孩子，不管在品格或學業上面，都有非常大的成長，將來成為一個對社會有益的人。」

因為深刻體會到這所學校對敘利亞難民意義非凡，當天一大早，當主麻教授帶領大家為幫助設立這所學校的所有人祈福時，講到「thanks master cheng yen（感恩證嚴上人）」，所有的敘利亞志工都感動落淚，因為他們都了解，如果沒有證嚴上人號召全球慈濟人的支持，他們流落異鄉的難民生活不可能有這麼大的改變。

對於這一點，全心投入支持的市長阿里也深有體會，他說：「在蘇丹加濟市，有登記的敘利亞難民就有四萬人，很感恩的是因為有慈濟，在這裡，路上我們看不到乞討者。」而且在這所學校裡，「任何一個角落都有慈濟人點點滴滴的愛。」阿里市長是虔誠的穆斯林，即將獲得一生難得到麥加朝聖的機會，他說他將在神聖的麥加為證嚴上人和慈濟人祈禱，感恩這一切。

那一天，孩子們跟志工，以接力方式將水泥磚一塊塊搬上樓去……直到晚上，大家搬得手都快斷了，也都累癱了，但是卻沒有一個人提早離開。短短一星期，大家已經做了一般工人一個半月才做得完的事。

2017 年 9 月 28 日，全新的滿納海敘利亞學校如期開學了，六校的師生終於有了一個屬於他們的新家，這天也是臺灣的教師節，土耳其慈濟志工在他的臉書寫下了這段話送給滿納海學校的所有孩子們：

「三年前滿納海中小學開學日，敘利亞老師曾在黑板上寫下：『My school is my second home.』

孩子們！或許『那條回到敘利亞老家的路還在等你們長大』，但今天起，有了屬於你們自己真正的家，要好好用功讀書、學習生活，別辜負了師長們的期待。

遙遠的家鄉還等著你們重建家園，就像你們曾在這裡，懷抱感恩的心，用你們的小手，一磚一瓦地堆疊出一間一間的教室來。

感恩十方大德護持，感恩來自臺灣的大愛，感恩每一位為人師表以愛灌溉小樹苗，教師節快樂！」

攝影：余自成
2015.01.25

滿納海中小學開學日，敘利亞老師在黑板上寫下：「My school is my second home.」（學校是我第二個家）。

攝影：余自成
2017.07.30

當祈禱時，主麻教授提到感恩證
嚴上人，許許多多敘利亞難民志
工都流下感動的淚水。

攝影：余自成
2017.07.30

慈濟在土耳其開辦滿納海中小學，協助敘利亞難民兒童就學，其中六所分校都是向土耳其學校借用教室，課程無法自主。經過慈濟人積極奔走，有當地業主受慈濟助學熱忱所感動，將整棟大樓提供作為滿納海學校新校舍。學校大樓整建正式動工當天，家長、老師、學生、志工合力搬運水泥磚。工作前，主麻教授帶領大家祈禱感恩真主賜福。

用愛造一棟千萬人的家

攝影：余自成
2017.07.30

敘利亞籍老師行前叮嚀
主動參與的學生，要以
感恩心來搬每一塊磚，
並注意自身安全。

攝影：余自成
2017.07.30

為了安全，隊伍以師生
或父子交錯，這一對是
父子檔共同來付出。

攝影：余自成
2017.07.30

層層合心、步步協力，一心一志、
共同完成目標，短短的一天之內
搬完八千六百多塊水泥磚。

攝影：余自成
2017.07.30

這些磚塊要搬運至各樓層隔間使
用，慈濟志工胡光中帶動當地敘
利亞志工、老師、家長、學生用
接力的方式搬運。

攝影：余自成
2017.07.30

部分樓層進行清理，這群孩子一
點都不輸專業，因為他們過去都
在工地打工。

攝影：余自成
2017.09.25

在慈濟、土耳其以及敘利亞難民
等各方努力下，敘利亞難民教育
辦出成果，敘利亞滿納海中小學
終於有了完全屬於自己的新校舍
大樓。

攝影：余自成
2017.09.25

新校舍大樓啟用典禮，各方人士
雲集，給予合併後真正專屬於敘
利亞鄉親的滿納海中小學祝福與
肯定。

主麻教授的感恩

敬愛的上人：

所有的敘利亞人都向您道感恩！因為我們都能感受
到您的愛與關懷，從您的所作所為，我們都時時可
以感受得到……非常感謝您在那邊常常關心我們這
裡的生活，感恩再感恩！

我想對您說的一句話，那就是：「您在我們眼中，
是全世界最重要的偉人。」您讓我們所有敘利亞人
手牽手，如手足一般相親相愛。我以個人名義、敘
利亞人名義，向您道感恩。

慈濟基金會擁有非常崇高的理想，讓我們回想到伊
斯蘭剛創教時，跟隨穆罕默德聖者他們的行為，以
及他們所作為的道德觀。

我知道您對我們的期望，就是希望我們要散播愛。
現在我想對您說的是：「我給您的承諾，要散播愛，
而我們也已經散播愛了。」我非常高興、榮幸能成
為慈濟人，進入慈濟大家庭。最後，祝您身體健康，
精神敏睿。謝謝阿拉，謝謝上人，謝謝所有慈濟人，
祝您們平安！

攝影：黃世澤
2015.10.20

站在學生群中的敘利亞教授主麻，
內心的歡喜完全寫在臉上。

用愛造一棟千萬人的家

巴爾幹的「中途之家」

一雙鞋、一頓熱食、一件禦寒衣被，
伴他們等待一個茫然的未來。

2,100 萬、1,200 萬、700 萬、500 萬、100 萬、43 萬。

這些，不是象徵富裕的巨大金錢數字，而是代表著一個個真實存在
的苦難生命，背後的意義可以用「敘利亞難民」將它們串聯起來。

敘利亞全國有二千一百萬的人口，其中有一千二百萬人流離失所，
國內逃難的約七百萬人，逃離國境的有五百萬人，其中只有一百萬
人進入歐洲，其餘多半滯留在土耳其、黎巴嫩、約旦等三個鄰國。
然而，2015 年進入歐洲的敘利亞難民，又只有約四十三萬人抵達他
們夢寐以求的終點站——德國。

每一階段漸次減少的數字，代表著在這條「以敘利亞為起點，德國
為終點」的難民之路，每個關卡前，都有更多的人被迫滯留在途中
或遭到遣返回頭。

尤其是歷經生死交關，橫越地中海的敘利亞難民，他們在希臘上岸
後與來自伊拉克、阿富汗等地的難民匯流。當 2015 年 8 月德國決定
開放邊界收容難民的消息傳出，龐大的難民潮開始以每日數千到上
萬人的數量，循著「巴爾幹之道」穿越重重國界進入德國。未幾，

龐大的難民潮就開始為沿線國家帶來內部政治與經濟的壓力與紛擾，引發國際上種種關注與討論……

就在此時，臺灣駐匈牙利代表處陶文隆代表也接獲塞爾維亞友臺人士訊息，詢問臺灣能否為難民入境塞爾維亞第一站的南部邊境城市普雷舍沃（Presevo）提供人道援助。消息轉回臺灣外交部，外交部認為慈濟在國際賑災的成果斐然，而且在許多國家都有志工分布，因此來函委請慈濟協助。

2015年11月24日，正值證嚴上人歲末祝福全臺行腳期間，來到臺中靜思堂，慈濟基金會同仁向上人報告此事，恰好波士尼亞沙馬奇市市議長馬里克維克（Predrag Marinkovic）特地前來拜訪慈濟，感恩2014年波國水患，慈濟為沙馬奇市所提供的援助。互動當中，證嚴上人向市議長提起塞國人士請求援助難民一事，市議長回應波士尼亞就在塞爾維亞隔壁，他願意就近提供協助。

就在市議長馬里克維克協助建立聯繫管道後，2016年1月7日，慈濟志工范德祿、鍾家隆、蔡婉珍、陳樹微等七人自德國慕尼黑慈濟聯絡點出發，開車途經奧地利、斯洛維尼亞、克羅埃西亞，歷經近十四小時，終於抵達塞爾維亞首都貝爾格勒（Belgrade）；8、9日拜會難民及移民事務委員會（Commissariat For Refugee and Migration），並實地訪查阿德塞微西（Adasevci）、希德（Sid）等兩處中繼站和普林斯博瓦其（Principouac）收容所，了解過境難民現況，以及需要援助的資源。

根據國際移民組織（International Organization for Migration, IOM）統計，2015年約有一百零五萬名難民走上「巴爾幹之路」，其中承接最多難民過境的塞爾維亞就有將近五十八萬人；塞爾維亞是組成前南斯拉夫共和國的主幹國家，處於社會主義過渡到資本主義發展階段，本身財政並不充裕。過去，難民及移民事務委員會（簡稱難民委員會）主要是幫助南斯拉夫內戰後的難民，如今卻面臨大規模的中東難民潮經過或尋求庇護，對他們而言是一大挑戰。

當時每天約有數千名的難民從地中海偷渡希臘後，借道馬其頓，入境塞爾維亞，在塞國南方邊境城市普雷舍沃登錄身分後，繼續搭乘塞國政府安排的巴士、火車等交通工具，轉往西北邊界的希德火車站，等待開往下一個國家克羅埃西亞的火車。在這裡，塞國政府會對他們再進行身分驗證，取得通行資格者，就能搭上火車，朝他們的目的地德國再邁前一步；希德的難民中繼站便設在火車站對面，中間僅一路之隔。

搭乘巴士的難民，則是經過四個多小時的車程後，先抵達高速公路旁一間歇業飯店，也就是阿德塞微西中繼站，稍作休息，再繼續往北到希德火車站改搭火車。另一處普林斯博瓦其臨時收容所距離希德火車站北行約十四公里處，由一間設在邊境旁的老舊兒童醫院改裝，主要收留不被克羅埃西亞接受的難民，以及向塞國申請庇護的難民。

中繼站皆有聯合國難民署、無國界醫師（MSF）、紅十字會、世界展望會、Remar S.O.S 等慈善組織人員進駐，為難民提供餐食、醫療等服務。許多難民因長途跋涉，衣服、鞋子多已破損，且每年 11 月到隔年 2 月是塞國冬季，難民最需要禦寒物資的援助。

歐洲慈濟志工勘察後將訊息傳回臺灣慈濟基金會，商討後決定為過境難民發放冬衣。范德祿、陳樹微與陳無憂一家三人遂於 2 月 1 日再度前往塞爾維亞，向難民委員會申請發放准許證，並與當地冬衣廠商洽談採購事宜。

然而，好事多磨，志工本以為有過上個月與委員會的交流經驗，這次申請准證一定能夠順利無礙，不料，范德祿屢次與該會聯絡請求面談，都得不到正面回應，一拖就是一個星期過去。7 日是華人的除夕，家家戶戶忙著團圓圍爐，準備迎接農曆新年；而范德祿則是抱著罹患重症的身體，為了難民，在人生地不熟的異地，焦急地四處奔走……在此期間，志工也向臺灣駐匈牙利代表處求援，經代表處介紹，認識了塞爾維亞臺灣商務協會的亞歷山大（Alexander）、

包里斯（Boris）與恬馬拉（Tamara）等人。

他們聽聞志工不得其門而入的處境，十分同情，於是在 8 日為范德祿引見社會局秘書長利連克（Nilenko），再陪同前往難民委員會直接與委員長庫西克（Vladimir Cucic）面談。庫西克表示，慈濟未在當地立案，也非知名的國際慈善組織，不能核發准證，但可以將物資交給中繼站服務的其他慈善機構代為發放。

范德祿鍥而不捨地說明慈濟的賑災原則及國際賑災經驗，終於打動委員長，獲得阿德塞微西中繼站的發放准許文件，並確認於 3 月 1 日開始發放。此外，委員長亦告知，2016 年開始，塞國除了須照顧大量過境難民，更要為難民提供六千個申請庇護名額，因此部分中繼站正在改建，成為可暫時或長時間居住的收容所。

申請獲准，「慈濟援助塞爾維亞過境難民團」志工成員，自 2 月 26 日起陸續從德國、法國、英國、義大利等地前往塞爾維亞，塞爾維亞當地人士包里斯（Boris Petrov）與恬馬拉（Tamara）為眾人安排入住希德火車站對面，鄰近難民中繼站的旅館，並一起參與團隊分工、物資整備、倉庫設置、發放動線規劃等前置作業；首次預計發放十天，每日約可服務一千位難民。

然而，「巴爾幹之道」的沿線各國，此時卻正醞釀對難民關閉邊界的氛圍，2 月 23 日的巴爾幹國家會議後，奧地利等多個國家陸續關閉邊境，並設定難民入境上限，為志工們此行又增添了許多變數……

攝影：余自成
2016.03.08

敘利亞等國難民背著、提著僅有
的行李家當，大路不通改走小路，
為另一個希望找出路。

攝影：余自成
2015.10.30

幸運從海上偷渡成功的難民，光
著腳丫繼續坎坷前行。

攝影：余自成
2016.03.08

在希臘前往馬其頓邊界關卡（Border）
的路上，向前直行是唯一的選擇。

攝影：王明珠
2016.01.09

在塞爾維亞的阿德塞微西（Ada-sevci）難民中繼站外，停滿著一輛輛的巴士，難民從邊界搭巴士在此作短暫停留，等待前往火車站改搭火車到克羅埃西亞。

邊界封鎖　一日數變

就在志工完成前置作業，準備發放的前一天，突然傳來馬其頓邊界警察與難民之間的暴力衝突，起因於馬其頓政府開始關閉邊界，只允許極少數難民入境，導致大量難民在豪雨和寒風中滯留希臘邊界，部分難民情急之下與馬其頓警方發生衝突，促使馬其頓政府及通往德國沿線的國家大為緊張，更加嚴格管控邊境；而塞爾維亞也從3月1日起開始調減每天過境難民人數，搭載的火車從每天五個班次減為一班（約五百人）。

「巴爾幹之路」的難民通行狀況出現重大變化！

而歐洲慈濟志工恰巧在這一天開始進行冬衣發放，在難民委員會允諾下，以現場私下詢問的方式，在希德火車站及阿德塞微西中繼站開始發放冬衣，同時也出席塞國政府與各慈善組織在中繼站召開的協調會，瞭解最新的國際情勢。在阿德塞微西中繼站的難民流量，極盛時期曾每天有六十輛巴士過境，平均停留約二十四小時；各國政策改變後，難民人數大幅減少，就連塞國難民委員會都難以掌握每天的難民動態。

第一天難民人數不多，發放冬衣有限。翌日一早，志工分成兩組人馬，分別前往阿德塞微西中繼站與希德火車站，步出旅館時，正巧遇到一班要開往克羅埃西亞的火車。滿心期待的難民一一排隊驗證身分，順利取得通行證的人，歡喜地搭上火車；但也有人因文件或身分不符合規定，遭警察攔下，當場淚灑車站，拿起行李落寞地走回中繼站。

火車站附近，聚集著許多同樣遭到拒絕、焦急難耐的難民，他們一邊高舉著「We are Humans！We need go！（我們是人！我們要離開！）」的紙板，一邊大聲呼口號。志工團隊考量難民情緒起伏大，於是改採逐一慰訪的方式，傾聽他們的心聲，待他們情緒緩和後，才請他們到火車站外，慈濟存放物資的貨櫃前領取冬衣。

發放消息很快在難民間傳開，慈濟貨櫃前瞬間湧上逾三百位難民，人數之多遠遠超出志工估計，也連帶影響到一旁聯合國難民署的貨櫃運作；難民委員會駐點人員接獲投訴後，曾經一度禁止慈濟使用貨櫃。

於是，塞國志工恬馬拉與中繼站管理長娜達斯塔（Nadezda）聯繫，說明事情原委，幾經協調之後，終於化解了聯合國難民署的誤會。隔天，塞國難民委員會在希德火車站旁的中繼站裡，為慈濟志工提供一個空房間，以及進出的識別證，讓志工得以進駐發放冬衣。

面對男女老少、身材不一的難民，志工總能耐心地詢問他們的需求，希望藉此讓他們感受到尊重與愛。來自敘利亞代爾祖爾

（Deir al- Zor）的穆罕默德（Mohammed）一家十口在收容所已經等待三天，體型壯碩的他連特大尺碼（XXL）的冬衣都穿不下，志工立即外出，為他購買適合的大衣。

從敘利亞霍姆斯（Homs）逃出的塔拉（Tara），懷抱著六個月大的兒子，身上只有單薄的針織衣，志工見狀，趕緊到商場採購符合嬰孩身材的羽絨外套，並為他戴上毛帽。

然而，志工面臨國際難民政策大轉彎，短短幾天內，馬其頓政府從大幅限縮難民人數，提升為拒絕任何難民從希臘入境。3月9日這一天，在塞爾維亞阿德塞微西中繼站第二天沒有新的難民巴士到來，希德火車站更是已經連續四天沒有開往克羅埃西亞的火車班次，難民滯留人數不斷增加，原本的中繼站逐漸轉型為收容所。

因應情勢的變化，志工早已調整關懷模式，開始進入難民收容所及帳篷區，對留滯的難民進行個別關懷，發現許多嬰幼兒都欠缺保暖衣物，於是從倉庫找出小小孩衣物發放之外，發現沒有合適的，也立即為他們添購採買。這樣貼心的付出，不只溫暖了難民的身心，也獲得塞爾維亞難民委員會的認同與信任，委員長庫西克特地從首都貝爾格勒來到希德，向志工們說明國際封鎖政策，造成滯留難民增加，難民需求正在轉變當中，也提出飲食和盥洗用具上的新需求。

而志工們也發現，原本預定十天的冬衣發放，計畫趕不上變化，大家紛紛設法將回去的時間延長到極限。范德祿身體不好、行動不便，但仍抱病與塞國政府互動、投入發放工作，儘管必須回去德國接受治療，但他心繫難民，治療後立刻趕回來與大家會合。德國志工楊文村簽證到期，也捨不得放下難民，出境到鄰國克羅埃西亞辦簽證，離開一天就又回來了。難民正需要他們，志工實在無法在此刻放下！

攝影：余自成
2016.03.08

這裡乍看之下像是熱鬧的露營區，
其實是難民行至此處，馬其頓邊
界關卡突然關閉，上萬難民只能
紮營等待開放通行。

攝影：蕭耀華
2016.03.02

塞爾維亞希德火車站裡，難民經
過漫長的等候和反覆的證件檢驗
無誤，才能搭上開往下一站克羅
埃西亞的列車。

攝影：蕭耀華
2016.03.02

不慎遺失證件或證件無效的難民，
只能滯留在希德火車站，進退不
得。

巴爾幹的「中途之家」

攝影：蕭耀華
2016.03.02

各國接納難民的訊息萬變，使得要
繼續前進的難民受阻於塞爾維亞，
滯留在此，離開遙遙無期，難民高
舉著「We are Humans, We need go ！」
（我們也是人，讓我們離開！）的
紙板，發洩不安的情緒。

巴爾幹的「中途之家」　　　　　　　　　　　　　　　　　　　241

攝影：蕭耀華
2016.03.04

在希德的臨時收容所，受難民眾一籌莫展，除了枯等外，又能如何呢？

熱食　暖了胃暖了心

當難民從短暫停留，轉為長期安置時，各種難民生活需求讓當地政府的負擔持續增加，於是，塞爾維亞難民委員會委員長庫西克向慈濟提出援助的請求。

正好志工在收容所關懷時，也遇到許多難民向他們訴苦，由慈善機構提供的伙食，每天都是一成不變的一個麵包、一瓶礦泉水，搭配著罐頭，這些食物不好吃又太乾燥，但他們還是要勉強吃進去。志工甚至看到有些食物被丟棄在垃圾桶裡，讓人看了很不捨！

3月10日，難民委員會委員長正式發函請慈濟協助提供熱食，但礙於法令規定沒有當地執照不能烹煮供餐，因從慈濟志工緊急採購，從12日開始，為阿德塞微西中繼站與希德收容所提供近九百份加熱的素食調理餐包。

熱食供應的第一天，餐廳裡座無虛席，難民們耐心等候，迫不及待想要品嚐。志工在嚴冬中真誠付出，讓他們終於吃到熱食，不但溫暖他們的胃，也溫暖了他們的心。

攝影者：徐道芳
2016.03.20

寒冬中的熱食，對阿德塞微西難民中繼站、希德難民營是很重要且貼心的準備，德國慈濟志工楊文村(左)與波士尼亞志工一起在廚房忙。

攝影者：徐道芳
2016.03.20

來，吃一口，小心燙喔！

阿德塞微西難民中繼站、希德難民營發放熱食素食料理包。英國慈濟志工王素真像餵自己的小孩一樣，一口一口讓小朋友享用餐點。

巴爾幹的「中途之家」   245

臺灣香積飯　有媽媽的味道

熱食供應持續進行至第三天，遠在臺灣的證嚴上人，從關懷團回報的訊息中發現調理包會產生大量垃圾，因此請慈濟基金會同仁陳祖淞，向前線志工詢問從臺灣運送香積飯、環保碗及湯匙過去的可能性。陳祖淞透過電話將證嚴上人的想法告訴志工陳樹微，陳樹微表示他們原先就打算在一個小時後，要帶香積飯去給難民委員會的成員試吃。

志工向委員會代表說明香積飯的研發，慈濟是為了國際賑災或急難救助使用，不必烹煮，只要開水沖泡約二十分鐘就能食用，符合供食法規，又兼具方便、衛生、安全與營養；志工同時示範沖泡方法，請委員會代表試吃，順利獲得認可，並且得到從臺灣運至塞國的清關免稅承諾。

3月16日臺灣慈濟基金會立即空運一千二百公斤香積飯、一千二百個環保碗、二千四百支湯匙，以及義式番茄、咖哩、玉米等符合難民口味的調味包；陳祖淞也於隔天帶著十公斤香積飯，以及保溫桶等物資，從臺灣搭機抵達塞爾維亞，在大量物資送到之前，先在希德、阿德塞微西收容所向難民介紹香積飯，同時瞭解他們的飲食習慣。

中東地區的民族多以穀米類為主食，如今在外顛沛流離，熱騰騰的米飯是他們心中的渴望。加熱調理包的口味已經固定，選擇也不多，主要是為了應急而提供；但是香積飯可以選擇口味，調整料理方式，變化比較多，應該更能符合難民的胃口。

為了讓未來的香積飯熱食供應能更順暢，志工26日邀集希德、阿德塞微西及普林斯博瓦其等三處收容所的九位難民委員會駐點人員，教導他們泡製香積飯，先由陳祖淞講解，再由來自德國、本身為大廚的志工楊文村示範番茄口味香積飯的做法。委員會的人員莫不用心做筆記，隨著步驟一一完成沖泡香積飯，再細細品嘗。在吃過現泡的香積飯之後，有委員對著志工說：「這個香積飯比義大利的番茄飯還好吃！」讓志工們信心大振。

隔天正式為難民供應香積飯，當志工從委員會得知，收容所有部分難民因為宗教信仰不吃高麗菜，而香積飯的蔬菜包中有高麗菜，於是志工先泡製一桶飯菜混合的香積飯，另外又特別泡一桶飯、菜分開的香積飯，讓所有的人都得以享用。

客製化的供食服務，耗時又費工，但志工不以為意，想到的只是對難民的一分尊重和誠意，希望填飽他們的肚子，同時也溫暖他們的心。在品嘗的過程中，來自阿富汗的十七歲青年阿米爾（Amir）不禁想起在家鄉的媽媽，他告訴志工：「香積飯的味道，就像是我媽媽煮的味道。」

另一位難民也說，香積飯很好吃，很感恩

慈濟的關懷及提供熱食，他特別將柳橙剝成一顆感恩的笑臉，表達他感恩的心意。

「很明顯，今晚非常成功，因為這裡的難民都很喜歡吃米飯，你們很慷慨，不僅分享食物，也給他們愛與關懷。」難民委員會感恩慈濟的大愛，以及志工的奉獻。

攝影：徐道芳
2016.03.22

慈濟志工在阿德塞微西難民收容所，為難民供應香積飯，一盤盤擺好的香積飯，像自家飯桌上的飯菜。

攝影：蕭耀華
2016.03.14

希德難民收容所的中央廚房因為施工無法供水，難民委員會請慈濟支援提供熱食香積飯給難民。慈濟志工新加坡沈森平（左起）、德國陳樹微、鄭素萍、法國鄭龍向難民委員會人員介紹香積飯，評估提供給難民食用。

攝影：徐道芳
2016.03.15

慈濟志工示範沖泡，委員們試吃香積飯之後，反應相當好，順利獲得認可。

攝影：徐道芳
2016.03.22

德國慈濟志工楊文
村沖泡香積飯，波
士尼亞志工一旁協
助與學習。

攝影：徐道芳
2016/03/22

在阿德塞微西難民
收容所裡，難民對
香積飯口味，豎起
大拇指表示好吃。

巴爾幹的「中途之家」

廚師五歐元　讓愛傳更遠

阿凡・奧馬爾（Arfan Omar）先生今年三十七歲，敘利亞人。是飯店廚師，曾經在五星級飯店工作，一家人有個幸福快樂的日子。

如今因國家戰亂，帶著太太蘿吉（Rojin）、八歲和六歲的兒子，以及一歲四個月的女兒，從土耳其、希臘、馬其頓一路逃難到了塞爾維亞。志工遇見他時，他已經在此滯留十七天了。

他們全家每天都深深期盼著能離開塞爾維亞，現在唯一的希望就是能到歐洲任何一個安定的國家，有個工作，全家能平安地過日子。

這天他看到慈濟志工介紹關懷難民的影片，就主動向志工表達想要捐錢的意願。他希望能捐更多錢，可是身上僅有兩百零五歐元，所以他捐出五歐元，還有五百元敘利亞幣。

他說：「雖然我能力有限，但我會去告訴更多的人，有關於慈濟的愛。」

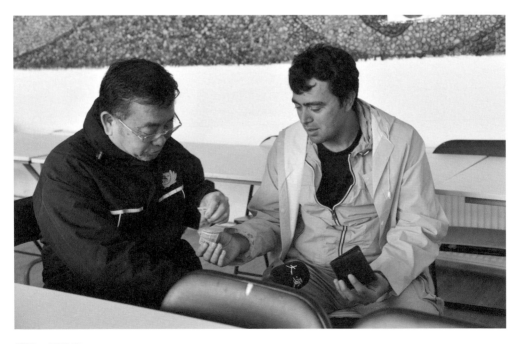

攝影：王素真 2016.03.22

我的心　被愛感染

志工問這位難民小弟弟為什麼想幫忙，他說：「我喜歡慈濟人幫助我們，所以我也想要幫助別人。」

因為幾天來，志工的態度潛移默化地影響了他，在發放麵包的過程中，他學著慈濟人的感恩鞠躬，過程中感動了其他難民，他們也對他鞠躬。

他看到其他小孩浪費食物，他很捨不得，就很虔誠地把盒子慢慢蓋起來，請另一位小朋友惜福吃完它。

另外，難民收容所裡許多孩童看見小狗，總會拿起石頭對著小狗丟，志工看了很不忍心，於是誘導孩童們親近小狗，愛護動物。在志工的帶動下，孩童原本對小狗扔石頭的手，最後轉變成拿麵包餵食小狗的手。

志工喜見孩子心中多一分悲憫眾生的愛心，也希望透過這段時間的互動，讓難民們能多感染愛、多歡笑，從而減少悲傷、怨恨的種子。

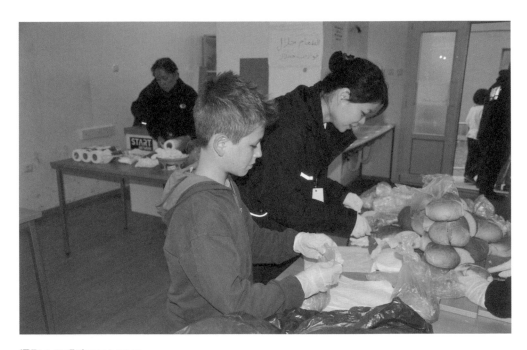

攝影：王明珠 2016.03.21

冬衣問暖　祝福平安

邊境關閉，沒有新的難民入境，慈濟志工在希德的冬衣發放暫告一段落，為了讓援助的物資發揮效益，2016年3月17日凌晨四點，二十二位歐洲慈濟志工從塞爾維亞北部的希德出發，歷時七個小時的車程，前往約五百公里遠、位於塞爾維亞南部與馬其頓邊境的普雷舍沃（Presevo）難民營，進行冬衣發放與慰問關懷。

普雷舍沃難民營是利用一個廢棄的工廠改建，在邊界關卡封閉之前的兩個星期，就已經預先整理好，準備供作難民收容使用。在邊境還沒關閉之前，這個地方總共有八十萬難民停留過，在志工抵達時，大約有七百多人住宿其中，三分之一是敘利亞人，三分之一是伊拉克人，三分之一是阿富汗人。

看到慈濟志工前來發放冬衣，難民們雖然迫不及待地比試冬衣是否合身，卻也井然有序地排隊等候領取，共計發放七百七十套冬衣，志工同時也致贈難民平安吊飾與難民結緣，祝福他們都能平安幸福。

攝影：蕭耀華
2016.03.03

來！爺爺幫你穿上衣服就不會冷了。

靦腆的難民兒童，在法國慈濟志工鄭龍（左前）協助下穿上新外套，一旁德國志工蔡婉珍（左後）像奶奶一樣鼓掌喝采。

攝影：蕭耀華
2016.03.04

希德難民收容所裡洋溢著溫馨與歡樂，大家穿上不同款式的冬衣，並拿著平安吊飾結緣品。

我來自波士尼亞

波士尼亞沙馬奇市（Samac）市議長馬里克維克，帶領十六位參與慈濟以工代賑的人員，加入鄰國塞爾維亞關懷難民之列，他們個個年輕力壯，搬運物資、清掃環境、維持秩序等任務都樂於承擔，成為團隊中重要的生力軍，付出的精神全然與志工無異。

空閒時，他們也會用手指動物布偶來帶動難民孩童學英語，或是懷抱著這些小小孩，逗著他們玩。看到孩子開心，一旁的家長也會跟著釋放心情，展露出難得的笑容。

史威揚·伐契（Cvijan Vakic）是波士尼亞的年輕人，他說，2014 年 5 月波士尼亞發生百年來最嚴重的水患，當時波士尼亞人的財產、房子突然都被大水沖走了，大家非常沮喪、消極，不知道未來要怎麼辦？但看到慈濟志工前來賑災，態度非常和藹可親，賑災時都面帶微笑，那種正面的能量和積極的態度，讓他非常感動，從此投入慈濟志工的行列。

切多米爾·博羅耶維奇（Cedomir Borojevic）則是波士尼亞的油漆承包商，在發放過程中，他記憶最深的是，有一次他發給孩子物資後，這個孩子卻突然回過頭來抱住他，讓他十分感動，體會到為人群付出的快樂。

攝影：蕭耀華
2016.02.29

慈濟志工前往阿德塞微西難民收容所發放冬衣。前置作業由波士尼亞志工合力搬運物資。

攝影：蕭耀華
2016.03.09

波士尼亞慈濟志工史威揚·伐契發放外套給小朋友。

第四章

巴爾幹的「中途之家」

打球不打架

難民無法繼續前進，停滯在塞爾維亞，許多人的情緒都不是很穩定；難民青年用布條與樹根架起克難的排球架。慈濟志工看到了，特別去買一組排球架送給他們，希望他們在活動筋骨之際，也能紓解內心的不安與焦慮。

球場搭好，難民進去了，志工進去了，甚至難民委員會的工作人員也進去跟著打成一片，大家真的都好開心！

攝影：林興來
2016.03.31

慈濟志工特別贈與一組排球架，希望難民們在活動筋骨之際，內心所壓抑的不安與焦慮也能得到抒發。

找一個比「謝謝」更好的字

道別的時刻終於來臨了！塞爾維亞政府將停留在希德地區八百多位難民，漸次分散到三個收容所，讓滯留的難民暫時都有安居的地方，於是慈濟志工在塞爾維亞的發放行動也將暫時告一段落。

從 2016 年 3 月 1 日到 4 月 2 日，志工原本預計十天的發放行程，最後延長為三十四天的關懷陪伴，共有十五個國家地區、八十八位志工接力關懷，在依依不捨的離情中，難民和難民委員會的工作人員，紛紛吐露臨別心聲。

思想早熟的十三歲敘利亞難民凱西（Kais），希望大家能用同理心來瞭解難民的處境，他告訴志工：

「我們雖然還活著，可是我們沒有學校、沒有家園，一切都在敘利亞的戰爭中毀滅了。我們沒有選擇，只能偷渡。在這悲慘的時候，我很感謝那些幫助我們的慈善團體，給我們一些糖果，並嘗試讓我們的臉上展開笑容。

當人們在電視上看到我們的笑容，以為我們很開心。他們心裡都會想：『難民的房間什麼都有，都有床了，還缺什麼？』然而，我們缺乏人生，我們沒有學校無法上課，沒有房子與希望；請不要關閉我們的路，還有把我們丟在這裡！

變成難民之前，我們也和一般人一樣，我們只是孩子。我只想要讓全世界知道我們跟其他人沒有什麼不一樣。許多人對待我們，好像我們是來自另一個世界、另一個星球，但我們曾經也是有房子、有學校、有自己人生、有夢想的人。」

凱西的母親梅森（Mayson Alsammen）也向志工道謝，她說：

「我很感激你們的團體，沒有一個組織像你們如此尊重我的兒子凱西跟女兒茉莉（Jori）；沒有一個組織像你們如此能讓他們展開笑容，真的是打從內心感謝你們！」

來自首都貝爾格勒的難民委員會內博伊沙（Nebojsha）先生，也有感而發地說：

「自從一個月前慈濟進來幫忙後，所有的事情都改變了。我看到慈濟志工帶來歡樂與喜悅，給予心靈受傷的難民。其他團體也有提供物資，但是慈濟志工真誠、慈悲、慷慨地給予，而且一直陪伴，也和小孩們玩樂。我真的很希望每個人都像慈濟志工這樣無私地付出。

我真的很想找一個，比『謝謝』更好的字，來替代我心中想表達的無限感恩……」

攝影：黃玉美
2017.02.08

歐洲慈濟志工再次前往關懷過境
及滯留的難民，發放生活用品及
食物。難民的笑容比謝謝更讓志
工歡喜。

攝影：林興來
2016.03.31

住在塞爾維亞普林斯博瓦其難民
收容所內，凱西（右一）慶幸一
家人平安在一起，並感恩善心人
士對他們的幫助。

攝影：林興來
2016.03.29

塞爾維亞普林斯博瓦其（Principo-
vac）難民收容所，思想早熟的十
三歲敘利亞難民凱西，希望大家
能用同理心來了解難民的處境，
他說：「我們雖然還活著，可是
我們沒有學校、沒有家園，一切
都在敘利亞的戰爭中毀滅了……」

巴爾幹的「中途之家」

進退維谷　關懷不終止

基於歐盟與土耳其於 2016 年 3 月 20 日生效的協議，所有經土耳其非法進入希臘的難民都將被遣返土耳其，而歐盟則會自土耳其接受同等數量的、符合申請庇護條件的敘利亞難民。

從此之後，「巴爾幹之道」的難民潮出現了變化，敘利亞難民開始減少，但來自阿富汗、伊拉克、巴基斯坦等地的難民，仍是以每日約上千名的數量進入塞爾維亞，這些難民大多不容易繼續前進，但故鄉又有戰亂或遭迫害，也不敢接受遣返回國，過境心態讓難民情緒不穩，也不願融入當地，導致塞爾維亞難民委員會的壓力並未稍減，反而不斷增設新的難民收容所。

慈濟志工 2016 年 7 月再度前往塞爾維亞規劃發放冬衣，滯留的難民已換過一批，此後志工每年度至各難民收容所發放冬衣，平日並依各收容所難民不同的需求，與難民委員會配合協助，提供包括難民所需的餐點飲食、冬夏衣物、內衣褲等日常生活用品，以及板球等休閒設施。

攝影：慈濟德國聯絡點提供
2017.02.05

慈濟在塞爾維亞尋求當地的資源，希望能就地關懷，更迅速達到援助難民的目的。印尼實業家林達生在塞爾維亞有食品工廠，工廠副經理奧可塔先生（Octav Damia，右三）及員工 Antonius Trisno Wanda（右二）親自來到希德飯店與志工范德祿（右四）見面，並捐贈泡麵與調味包等濟助難民。

攝影：陳樹微
2017.02.10

歐洲慈濟志工再次前往歐普難民營關懷過境及滯留的受難民眾，雖然難民已一批換過一批；慈濟志工準備發放泡麵、休閒服與內衣褲，難民排隊等候領取物資。

巴爾幹的「中途之家」

攝影：陳樹微
2017.02.10

志工捐贈洗衣機、烘衣機給歐普
難民營，解決難民冬天衣物換洗
的問題。新加坡慈濟志工張榮富
示範操作。

攝影：陳樹微
2017/02/05

難民人數持續增加，廢置的軍營
改成歐普難民營，許多設備尚未
安裝，只能先提供簡便的床給難
民睡覺。

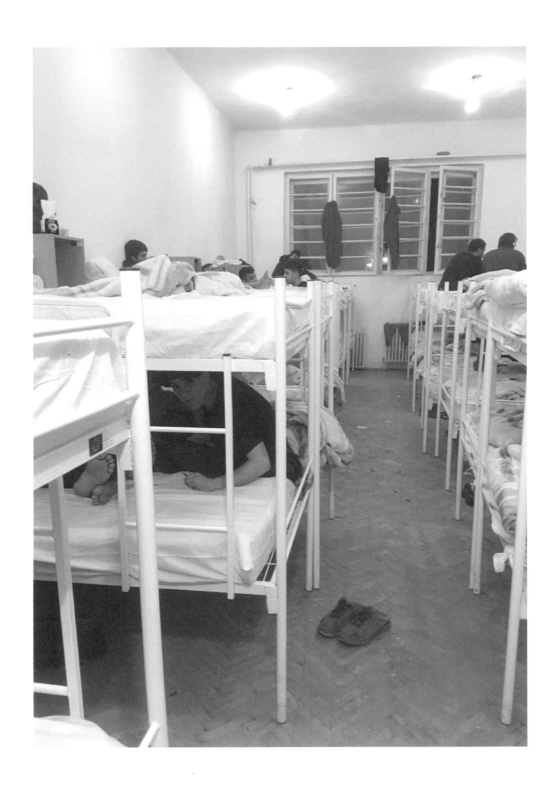

巴爾幹的「中途之家」

流浪的終點

終點即是起點，一切從零開始，
走向幸福的人生。

歷經千辛萬苦，許多難民終於抵達朝思暮想的天堂國度──「難民
之路」目的地德國。

二十一歲來自敘利亞的哈山（Hassan）和父親默罕穆德（Mohammed）
是德國格拉紹（Grassau）難民中心裡，少數可以用流利英文與人對
話的難民，慈濟志工看著哈山舉手投足都十分斯文，經瞭解後得知
默罕穆德是位工程師，他的兒子哈山就讀醫學系二年級，因為內戰
的關係，不得不逃離祖國。

哈山父子從家鄉搭車、徒步，歷經難關抵達土耳其，冒著生命危險
乘小船來到希臘小島，又開始另一段逃難旅途。父子為求安全，分
散走不同的途徑，經過了將近一個月的逃難，父子倆終於在德國相
會，住進格拉紹的難民中心。

已經完成大二學業的哈山心急如焚，盼望著德國政府趕快給居留證，
這樣才能繼續完成被中斷的學業。然而，德國一時之間湧入太多難
民，需要時間處理和等待。

「我想把握時間趕快學好德文，早日完成醫學系學業，未來能貢獻所學的專業給這個願意收留我的國家。」哈山說著自己心中的盼望。他們父子心裡有一個共同的願望，便是希望能趕快把還在敘利亞的母親、妹妹和弟弟一起接過來德國，全家團聚，同享天倫之樂。

這是來到德國的難民，其中的一個例子。德國政府在管理上很周到，讓難民吃、穿不成問題。但難民要真正在當地安定下來，融入社會，卻還有一段漫長的路要走。

再以德國左斯特（Soest）市的狀況為例，它位於德國的北萊茵‧威斯特法倫（Nordrhein-Westfalen）州，居民約五萬人，幾年來陸續遷入許多不同國家的難民。

2015年底，德國慈濟志工拜訪六個難民營，訪問三十幾位難民，做過十次以上的難民居家關懷，再與左斯特市政府相關官員會談後，發覺到絕大多數難民面臨最嚴重的問題是找不到工作。雖然難民可以享有跟德國公民一樣的失業金福利，但長期沒有工作所衍生的精神上與生活上的問題，對難民個人及其家庭，甚至德國社會，都會造成重大的影響。

此外，難民等待德國政府對庇護申請所做的裁定，從數個月至幾年的都有，而且未得到庇護核准的難民，只能被允許住在發配到的難民營裡，這種長期沒有安全感，有限自由的等待過程，容易讓難民產生焦慮與自卑的心情。加上大部分的難民營位在偏遠地區，交通不便、生活機能較差，學習德文的機會更是渺茫。

2015年7月21日，七位慈濟志工、天主教明愛會左斯特負責人及多位左斯特政府官員，在市政府開會討論難民問題與如何解決。慈濟志工在會議中提出協助難民德文教學的請求。

為了讓德文教學進入狀況，德國慈濟志工們走訪難民營瞭解實際需要，並聘請德文老師教難民德文，在與德文老師面談後，即安排與想學德文的難民見面。

在教學上，為確保難民能有效學習德文，首先需要克服不同語言障礙。由於許多難民不懂英文，德文老師也不懂難民的語言，因此在組合上，讓會講同一種語言的學生成為一組，安排能與老師溝通的難民小老師協助教學，每班十五人以內，小班教學，每班一週兩堂課，每次兩小時，共照顧四十八位難民。

為了鼓勵難民用功學習，志工準備筆記本與筆，與難民說明獎勵辦法，並設定兩次驗收測驗——A1與A2。A2通過的難民，志工會協助他們報名參加正式檢定測驗，通過者，慈濟將贈予二手筆記型電腦作為獎勵。

左斯特慈濟志工大力奔走，與其他慈善組織共同合作，克服種種困難，鼓勵難民們在學習德文後，能找機會外出走走，一方面練習德文，一方面也結交德國朋友。慈濟志工也期待藉由課程的規劃，能引導難民們走向正確的人生方向，感受人情的溫暖，在安定生活之餘，也能懂得為他人付出。

攝影：慈濟德國聯絡點提供
2016.07.06

慕尼黑慈濟志工鍾家隆的公司結緣幾部筆記型電腦，希望能幫助難民學習。德國慈濟志工范德祿（右）贈送電腦給難民韓森（Hassan）。

攝影：慈濟德國聯絡點提供
2015.09.29

適逢伊斯蘭教的忠孝節，慈濟志工范德祿（中）及其敘利亞朋友 Dr. Fassa Al-Salmo（中左）為了要讓難民朋友能過個溫暖的節日，特地與大家一同歡慶。

攝影：余自成
2015.11.03

在德國北萊茵威斯特法倫州
（Nordrhein-Westfalen）左斯特鎮
（Soest），因戰亂逃難到德國的
敘利亞難民上語文課程，希望能
早一點融入德國社會。

攝影：余自成
2015.11.06

敘利亞難民韓森（Hassan，右一）、
哈迪（Hady，右二）等人在德國
展開新生活，慈濟志工接力，關
懷仍舊持續。

攝影：慈濟德國聯絡點提供
2015.10.06

慈濟志工安排難民們聯誼聚餐，
彼此話家常。

攝影：慈濟德國聯絡點提供
2015.09.30

難民已有安身之處，所需要的是
精神上的關懷與鼓勵。圖為慈濟
志工安排難民們出遊及到果園採
收蘋果的情景。

十二國難民　歲末聚祈福

德國慕尼黑慈濟志工積極關懷難民，不僅溫暖難民的心，也獲得格拉紹（Grassau）市長魯迪・揚特克（Rudi Jantke）及其他關懷難民機構的肯定與信賴。2015 年歲末之際，慈濟志工向格拉紹市市長提出舉辦歲末祝福，並邀請當地及鄰鎮的難民一起為未來祈福，市長立即歡喜答應，並提供當地的黑夫特爾（Hefter）文化廳作為場地。

12 月 20 日，以敘利亞為主，來自十二個國家的二百八十位難民前來黑夫特爾文化廳參加慈濟歲末祝福活動，雖然許多人信仰不同的宗教，不過卻依然歡喜參與，希望能為新的一年帶來祝福。

現場許多難民志工協助布置會場，有的不住在附近，但知道慈濟舉辦歲末祝福，便不遠千里而來，敘利亞籍的哈迪（Hady Souki）曾經是土耳其伊斯坦堡滿納海中小學的職工，也是慈濟的志工，精通阿拉伯語、英語和土耳其語，他得知格拉紹歲末祝福活動，特地搭了九小時火車從荷蘭來協助現場阿拉伯語翻譯，並且擔任司儀。

志工默罕穆德（Mohammad）和馬納爾（Manar）則是來自土耳其的敘利亞難民，過去慈濟在土耳其發放，他們每次都親身參與，此次他們分別從需七小時車程的德勒斯登和一個小時多的阿爾特廷趕到現場幫忙。

活動開始，由慈濟志工陳無憂與哈迪擔任司儀，分別以德語、英語、阿拉伯語介紹來自臺灣的慈濟福慧紅包，並且傳達證嚴上人無限的祝福。然而，接下來這場歲末祝福活動，更像是一場不同國籍的交流饗宴，緊鑼密鼓的活動讓現場變得熱鬧非凡，有巴伐利亞傳統土風舞、吉他獨奏和演唱、鋼琴和小提琴彈奏、阿富汗民俗舞蹈、塞內加爾鼓聲表演等等，讓與會的每一個人都對新的一年充滿了期待。

和樂融融的場景烙印在每一個與會人的心中，格拉紹市長更是有感而發地說：「希望未來德國人民能像今天這樣和善地對待難民朋友，並期待今後慈濟能多辦這類活動促進地方融合。」

攝影：王明珠
2015.12.20

敘利亞等國的難民小朋友
演唱歌曲。

攝影：王明珠
2015.09.19

德國慈濟志工與明愛慈善
機構等組織，合作舉辦愛灑
活動並發放物資，關懷逃難
到德國的難民；愛灑活動現
場，溫馨洋溢。

哈迪的感恩與回饋

現年二十一歲的敘利亞難民哈迪（Hady Souki），是少數能夠抵達難民之路終點站──西歐國家的幸運者，2017年在荷蘭臺商設立的科技產業擔任資訊人員，因為之前沒有機會念書，所以開始就讀大學夜間部。

然而，一切看似幸運的背後，哈迪左手腕上的槍傷疤痕，卻也透露出他過往歷經滄桑的人生。哈迪曾經待在戰地一年多，因為精通阿拉伯語、土耳其語和英語，他也協助過建置戰時的避難所；後來輾轉逃到土耳其成為難民，在伊斯坦堡遇到土耳其慈濟志工，讓他在慈濟提供敘利亞難民孩童讀書的滿納海中小學工作，負責慈濟學校的資料管理。

那段時間，他看到慈濟志工真誠付出，還對難民恭敬感恩，讓他感受到慈濟是很不一樣的慈善團體，正是自己畢生想要奉獻的地方。他的父母親也參與過慈濟的發放工作，也相當認同，因此父親特別鼓勵他加入慈濟志工的行列。

2015年8月，哈迪輾轉又從土耳其來到荷蘭，得知慈濟將在德國舉辦歲末祝福活動，哈迪把握機會承擔翻譯與司儀，後續他又協助慈濟大大小小二十幾場活動的翻譯，而且也跟著歐洲慈濟人，跨國到塞爾維亞發放難民冬衣等物資，並且擔任司機、翻譯、記錄等工作。

儘管目前他已身處平安的國家，並且安定地工作與念書，但因曾經淪為難民，讓他更能同理難民的苦。看到國際難民常因文化差異及語言隔閡，造成種種不幸的事件，哈迪感同身受地說：「我是敘利亞人，我相信我可以做更多、更靠近他們。」所以，他一年有二十天的休假，還有例假日，都投入慈濟的志工工作。如果非假日，有需要他幫忙的地方，甚至必須自費，他也會參加。因為他明白，協助慈濟，就是幫助自己的同胞，甚至幫助更多的受難者。

攝影：林興來
2016.03

逃至土耳其的敘利亞難民志工哈迪與慈濟志工余自成一起學習記錄，抵達德國後繼續志工之路，並一起到塞爾維亞關懷其他難民。

攝影：余自成
2015.06.06

敘利亞難民志工哈迪用當志工的方式感恩與回饋慈濟的愛，他像對待自家孩子一般關懷學生穆漢默德。

流浪的終點

在終點找到家

歐洲慈濟志工結束在塞爾維亞第一次的過境難民關懷發放行動,回到國內之後,就陸續接獲一些認識的難民已經抵達德國尋求庇護的消息。

凱西(Kais)一家人就是其中之一,2016年4月3日才在塞爾維亞與慈濟志工依依不捨地分別,4月下旬他們就已經抵達德國,暫時待在慕尼黑臨時收容所。德國志工得知消息,邀請他們來參加慈濟慕尼黑聯絡點的浴佛典禮,5月15日這天,凱西一家特別搭了兩個小時的火車前來與會,慈濟志工無比歡喜地與他們再度擁抱。

九歲的妹妹茱莉(Jori)希望趕快可以上學,十三歲的凱西希望能夠得到居留權,並且被德國人接受,凱西的媽媽梅森(Mayson Alsammen)則是看到志工當時在塞爾維亞關懷難民的影片,心中百感交集,不禁流下淚來。

凱西說,他們一家人從土耳其經塞爾維亞,花了三個月才抵達德國,在逃難過程中,過著沒法沖澡、沒水、沒食物的生活。現在來到德國,感到踏實許多,他們將會有家,也可以去上學,過著像人的生活。

8月初,凱西一家被分發到離慕尼黑聯絡點廿五公里的難民中心,慈濟志工時常前往探望關懷,難民中心分配給他們兩間臥房,共用廚房和衛浴,兄妹倆很滿意這裡,凱西的母親梅森看著孩子三年來跟著她逃難,顛沛流離,如今終於有屬於他們的臥室,百感交集地抱著女兒流下眼淚。

慈濟志工鍾家隆的公司贈送幾部筆記型電腦給慈濟慕尼黑聯絡點,希望能幫助難民學習,志工范德祿將其中一部贈予凱西,並祝福他學習愉快有成。凱西很高興志工贈予的筆電,他說有了筆電,他可以學習音樂及德文等等知識,他非常感恩慈濟志工給他們的關懷與鼓勵,他一定會好好地學習,不辜負慈濟人的愛。

一段時間之後,志工再度拜訪凱西家,凱西給志工看他從圖書館借來的德文教材,使用電腦光碟學習德文,並分享他創作的歌曲。

隨後,慈濟志工和凱西一家人一起到住在格拉紹市的敘利亞難民穆罕默德家拜訪關懷。穆罕默德歡喜志工和凱西全家的拜訪,請他太太準備許多水果素食點心。而且穆罕默德特別用德語感恩慈濟志工給予他們許多幫助與關懷。

看到這兩個家庭能過著安定的生活,並且短短幾個月,就已經可以用德語對話,讓志工范德祿對他們的未來充滿希望。

攝影：
慈濟德國聯絡點提供
2016.07.05

難民青年凱西的妹妹
贈送親手繪製的圖畫
給德國慈濟志工范德
祿（Rudi Willi Pfaff），
感恩慈濟志工的關懷
協助。

攝影：
慈濟德國聯絡點提供
2016.08.11

德國慈濟志工范德
祿、陳樹微關懷德國
的敘利亞難民凱西
（右二）一家人，給
予新生活上的需求與
協助；交通方面提供
腳踏車，讓一家人出
門購物或上學都方便
多了。

攝影：慈濟德國聯絡點提供
2017.05.21

慈濟 51 周年慶系列活動；慕尼黑慈濟志工於格拉紹市舉辦浴佛典禮，除了邀約華人朋友，長期關懷的難民也特地來參加。浴佛結束，志工、會眾、難民們開心合影。

流浪的終點

加拿大歡迎您！

面對難民，加拿大採取開放歡迎的態度。自加拿大總理 2015 年 12 月宣布接受飽受戰爭摧殘的敘利亞難民後，至 2017 年下來，累計已收容了四萬名的難民。

2016 年本拿比市也接獲通知，即將會有二十五個難民家庭到達社區，有人向愛德蒙社區小學捷思特（Mr.Gaster）校長建議可以考慮募款，但校長覺得難民初抵加拿大，生活物資是最迫切需要的，同時也希望人人都能有奉獻愛心的機會，因此學校舉辦了大型的物資募集活動。大批物資存放在學校室內體育場的舞臺上，需要有人整理，也邀請了社區中長期的合作夥伴——慈濟志工參與。

然而，當本拿比慈濟志工穿梭在二手物資當中時，心中卻有些難過，心想：「能不能有更好的物資，給這些剛落腳的難民家庭呢？」志工隨即向愛德蒙社區小學反映，雙方討論後，列出物資清單，並提交慈濟進行採購。

2016 年 3 月 8 日上午，十二名慈濟志工帶著採購的物資進入校區；物資包括二十五個六十八公升的大置物箱，每箱放入洗髮精、香皂、牙刷、牙膏、毛巾、兒童上衣、圍巾、毛毯等；也將學校募得的物資一起裝入，計有廚房用具、洗碗精、馬桶刷、洗碗海綿、面紙、捲紙、餐巾紙、罐頭、餅乾等，置物箱很快就裝滿了，變成了匯聚了十方愛心的「禮物箱」，加上二十元的購物卡致贈給難民家庭，並祝福他們在加拿大生活愉快。

「互助」是加拿大社會的主流價值，居民們普遍對敘利亞家庭敞開雙手歡迎。慈濟志工劉懿容早上出門的時候，婆婆還交代她要好好善待這些長途跋涉的難民家庭。發放時雖然語言不通，但她在心裡一直默默祝福著他們，對他們說：「加拿大歡迎您們，慈濟也會陪伴您們！」

攝影：王少雄
2016.03.08

2015 年底，加拿大政府開始大規模接受敘利亞難民。
目前已經有兩萬三千人到達加拿大，其中一半的人
落腳多倫多。在愛德蒙社區小學，慈濟志工為四個
難民家庭送上了充滿愛心的「禮物箱」和二十元購
物卡，並祝福他們在加拿大生活愉快。

融入社會　重啟新生活

「我們剛來時，真的是痛苦地度過每一天，還好有你們來幫助我們。」慈濟志工點點滴滴幫助他的行動，米蘭都看在眼裡，他曾經問志工幫助他的動機為何？志工於是微笑著向他介紹證嚴上人「無緣大慈，同體大悲」的理念，也邀請米蘭一起來付出愛心。

加拿大多倫多志工在 2016 年 1 月起，開始關懷來自敘利亞的新移民，針對第一梯次六戶敘利亞家庭進行定期家訪，幫助新移民家庭融入當地社會。

為了增強新移民的英語能力，志工們幫忙蒐集圖書館英文及阿拉伯文相關資料，引導新移民利用圖書館；並且透過線上通訊軟體與新移民互動，除了隨時關心他們的生活情況，也藉機提升他們的英語書寫能力。

4 月 23 日，慈濟志工關懷第二梯次的五個家庭，為他們送生活物資、糧食與家具，米蘭也穿起志工背心，幫助自己的同胞。

為了節省租金，新住民們往往選擇住在地下室，而過於狹窄的通道卻成了志工搬運家具的大考驗，只見米蘭與志工們站在一起比手畫腳，努力研究搬運動線。先前志工們幫助米蘭練習英文，沒想到卻讓這次的關懷任務更加順利，他不僅能配合志工運作，還成為志工與敘利亞同胞之間溝通的橋梁。

在大家七手八腳努力下，新住民的家終於擺脫了「家徒四壁」的窘境，孩子迫不及待地躺在床上「擺 pose」，露出缺了門牙的笑容；或是拿起自己的獎狀，一家人和志工合照，留下幸福洋溢的身影。

慈濟志工朱啟誠認為，敘利亞難民在加拿大有身分、有醫療保險，也有其他的公民保障，但是「他們唯一沒有的就是朋友，他們也沒有人帶著他們如何穿越加拿大的都市叢林，而慈濟人補的就是這一塊。」

其實，不僅是幫助敘利亞難民，加拿大慈濟志工平時就常常以加拿大社會公民典範的身分，受當地法院邀請，參與協辦新公民入籍的「公民宣誓」典禮，協助剛入籍加拿大的新移民適應當地生活。因此，不論來自任何一個國度的新移民，慈濟志工都願意幫助他們安頓身心，順利地融入加拿大這個大家庭。

攝影：慈濟加拿大多倫多支會提供
2016.12.03

除了蒐集詳細的財務資料外，慈濟志工發現每個難
民居住的屋子內幾乎都沒有炊具、餐具、家具，睡
就睡在地板，吃就是食物銀行領取的罐頭，禦寒的
外套就是身上唯一穿的一件薄夾克，學童也因為失
學已久，早就沒有書包及文具，因此志工發放生活
用品等物資，關懷難民家庭。

攝影：李嘉祥
2016.02.21

慈濟志工訪視關懷因戰亂逃難到加拿大的敘利亞難民，這些敘利亞家庭前三年在難民營度過，身邊除了家人及簡單衣物，早已經家徒四壁，生活立即面臨困境。當問及欲申請的家具項目，回答都是：什麼都沒有，什麼都可以，且難民沒有錢添購家具等生活用品。

攝影：

慈濟加拿大多倫多支會
提供
2016.02.21

慈濟志工為難民家庭募集二手禦寒厚外套、二手床具外，也協助組裝床架。

第五章

攝影：李嘉祥
2016.02.21

慈濟加拿大分會於 2015 年 12 月接到大型連鎖家具店的訊息，願意提供免費家具給敘利亞移民家庭，但是須由政府註冊的慈善機構提出申請。加拿大慈濟志工劉豐特（Victor Hernandez）從事幼教工作，發現班上來了新的小朋友，似乎符合申請條件，隨即回報訪視關懷。

看到溫暖的力量 ————

瞭解到慈濟在全世界各地投入災難救助，淨化人心、膚慰苦難等行動，加拿大國防部長石俊（Harjit Sajjan）在參與 2017 年 1 月 15 日溫哥華慈濟歲末祝福致詞時，忍不住脫稿演說，他說：

「我本來有準備講稿，但是當我聽到你們分享著淨化心靈的重要，我希望發自內心地準備這篇致詞。我在印度長大，五歲半來到溫哥華，然後成為一位警官，在當警官的過程中，看到很多社會的問題，然後我加入軍隊，換成面對世界性的挑戰與戰爭。

慈濟所做的，著重在淨化心靈，消弭種族、文化與國家的界限，這就是這個世界所需要的。身為國防部長，我到過很多國家，但是都是有戰爭或是複雜問題的地方，在全世界各地上演著。在這些挑戰中，我們看到溫暖的力量——就如慈濟，在這些時刻，提供最及時的幫助，也是最重要的人道精神援助，跨越了國界、文化和宗教的分歧，因為慈濟回歸「我們都是人」的本質。

慈濟用最清淨的心、以慈悲的精神去奉獻；在加拿大，我們是穩定的國家，但是我們同時也有責任去維護世界的和平。我謹代表加拿大總理，感謝慈濟志工用清淨無染的心、慈悲的精神，為世界和平做了最好的典範。」

攝影：朱家漢
2017.03.03

難民雖然順利抵達加拿大，但在異鄉生活不易，多
倫多慈濟志工與社福機構「多倫多阿拉伯社區中心」
（ACCT）合作，發放物資給難民家庭，希望能減輕
他們生活上的開銷。

點，許多當初投入援助的慈善組織，皆無法長期負荷而漸漸撤離或縮減經費，當外界資源減少之後，難民情緒變得容易躁動，導致2016 年開始，慈濟在難民營例行發放時，經常出現難民嚴重爭執的場面，讓投入難民關懷近四年的約旦慈濟志工陳秋華，開始感到有力不從心的無奈。

8 月 5 日發放，難民爭執又起，讓他不禁萌生中止每月難民發放，將經費全部資助數百位無肛症等難民病童龐大醫療手術費用的想法。

就在這一念退轉心起，當晚陳秋華就夢見證嚴上人對他說：「不要停掉，我願意用我的血來供養這些難民。」上人夢中一席話，驚醒了陳秋華，讓他深深懺悔自己的意志不夠堅定，立即打消了放棄的念頭。

2016 年 11 月初，陳秋華與本土志工漢娜（Hana Salfiti）、莉莉（Lily J. A. Ramian）、傑米（Jameel Mohamed Hreez）等人，返回臺灣參加海

外慈濟志工的研習營。6日在與證嚴上人的座談中，陳秋華當場向上人報告為難民兒童提供醫療援助的感動，以及對難民例行濟助心生退轉及夢境的懺悔，他向上人堅定表示會兩邊齊頭並進，不會再放棄任何一方。

聽完陳秋華的敘述，上人不捨難民營難民的處境，認同夢中所云：「願意用我的血來供養這些難民。」敦請陳秋華千萬不能停，要趕快回去繼續幫助他們。

隔天，陳秋華接到一位敘利亞志工傳來的訊息，一位十八歲的敘利亞難民孩子，因為受不了難民營中的生活，心理發生障礙，竟用他的兩個手指，把媽媽的眼睛挖出來，再把媽媽的頭砍斷……

然而，此時驚駭的消息傳來，再也無法撼動陳秋華的決定，他心意已決，不再遲疑，即刻返回約旦，持續至難民營發放，同時也積極安排無肛症等難民孩童的手術。而在臺灣這端，慈濟志工也默默啟動，為全球慈濟的難民援助做後盾。

2017 年 2 月 12 日，一群慈濟實業家在臺北國際會議中心舉辦一天三場的「國際大愛心蓮滿人間」祈福音樂會，呼籲大眾關懷全球難民的苦難，為他們祈福，同時也奉獻出自己一分的愛心。在愛心擴散的效應下，緊接著桃園、臺中、彰化、嘉義、高雄等地也紛紛舉辦類似的活動，以具體的行動幫助難民，而特地從約旦趕回來臺灣與會的陳秋華，則是一場又一場地，當場在臺上向大眾下跪頂禮，代表難民感恩來自臺灣的愛。

攝影：陳佩珠
2016.12.23

花蓮慈濟中學李克難校長帶領小
學部、附設幼兒園小朋友，帶著
愛心竹筒回娘家，送愛到約旦。

攝影：楊德有
2016.01.07

為了讓敘利亞難民的孩子能安心
讀書，慈濟臺南大愛幼兒園學生
義賣蔬菜所得。

將夢化為願力力永不放棄

攝影：周幸弘
2017.04.08

臺中慈濟醫院簡守信院長延續到
約旦義診那分對敘利亞難民不捨
之情，百忙中從中部來到高雄參
加祈福音樂會並參與演繹，為援
助敘利亞難民募集愛心，奉獻一
分力量。

———
攝影：黃小娟
2016.10.24

嘉義大林慈濟醫院醫師護士也響
應送愛給敘利亞難民。

攝影：周幸弘
2017.04.08

高雄榮董團隊舉辦「國際大愛心
蓮滿人間」音樂會，為敘利亞及
國際難民募心募愛，由臺南、高
雄、屏東的慈濟志工共同成就。
來自約旦的慈濟志工陳秋華，前
來替敘利亞的難民們向臺灣的所
有善心人士頂禮道感恩。

攝影：江昆璘
2017.02.12

「我是代表敘利亞難民來感恩的，
不能用言語來形容，用頂禮來感恩
各位的愛心。」在臺北舉辦的「國
際大愛心蓮滿人間」音樂會，約旦
慈濟志工陳秋華同樣放下麥克風向
全場頂禮，表達最誠摯的感恩，感
動在場每一位觀眾。同樣動人的情
景，也出現在宜蘭、台中、彰化、
南投、嘉義、高雄等其他場次上。

第六章

將夢化為願力力永不放棄

全球慈濟關懷難民大事記（1979~2017 年）

1979.02　慈濟為安置在澎湖的三十四位越南難民發放急難救助金。

1991.07　英國倫敦慈濟志工每月平均兩次到肯迪郡添士密區關懷越南難民，並提供急難
　　　　援助。

1995.01　慈濟啟動「泰北三年扶困計畫」，為難胞提供生活及醫療濟助、住屋重建、農
　　　　業技術輔導及助學等多項援助，關懷至今不曾中斷。

1994.07　慈濟與法國世界醫師聯盟合作，為盧安達難民提供醫療與糧食。

1995.10　慈濟與法國世界醫師聯盟合作，為車臣難民提供緊急醫療援助。

1995.12　慈濟加拿大分會自本年起，贊助卑詩省移民服務協會，提供耶誕禮物給來自莫
　　　　三比克、波士尼亞、伊朗及緬甸等多國難民家庭。

1996.12　慈濟與英國倫敦大學、雷諾徹希亞基金會，簽訂「亞塞拜然三年援助計畫」，
　　　　為因戰禍流離失所及傷殘的民眾，提供帳篷、衣物及醫療設備等物資。

1996.12　慈濟美國密蘇里州聖路易聯絡處為南斯拉夫、海地等地的難民，發放衣物、毛
　　　　毯等物資，此後每年均與當地國際難民中心合作，於冬季為難民發放毛毯或棉
　　　　被。

1998.01　約旦慈濟志工開始為巴喀、阿卡巴及紮來喜等三處巴勒斯坦難民營中的特困戶
　　　　提供生活物資。

1999.04　慈濟與美國騎士橋國際救援組織合作，運送藥品至阿爾巴尼亞境內的科索沃難
　　　　民營。

1999.09　慈濟澳洲分會參與澳洲達爾文 Timor Aid 機構援助東帝汶「愛心船計畫」，捐
　　　　款購買大米及醫療用品，幫助因戰亂而流離失所的民眾。

2001.11　慈濟與美國騎士橋國際救援組織合作，於 11、12 月為阿富汗邊境及山區的難
　　　　民發放藥品、毛毯、食物等物資。

2002.10　紐西蘭漢彌頓慈濟志工自本年起，協助漢彌頓市難民服務中心，關懷難民家
　　　　庭，提供寢具、衣物及炊具等物資。

2003.03　美伊戰爭一觸即發，臺灣慈濟本會與約旦分會積極整備包括藥品、糧食、毛毯、
　　　　禦寒衣物及防毒面具等物資，以供應戰事爆發後難民的民生與醫療需求。

2004.09　澳洲布里斯本慈濟志工開始與難民中心合作，平均每年為難民舉辦兩次牙科義
　　　　診。

2005.03 慈濟馬來西亞吉隆坡分會與聯合國難民署（UNHCR）簽訂諒解備忘錄，為扣留營的難民提供生活物資補助及醫療服務。

2009.01 約旦慈濟志工1至3月數度前往阿力亞皇后紀念醫院，為加薩難民發放緊急救濟金、毛毯等物資。

2009.02 加拿大慈濟志工開始為多倫多瑞克絲岱區的中東、非洲及南亞等地難民或是移民家庭，發放生活物資，以及贊助課後輔導助學金。

2011.12 約旦慈濟志工兩度北上馬夫拉克省為敘利亞難民發放食物。

2012.09 慈濟臺灣本會啟動約旦境內敘利亞難民援助專案。

2014.10 土耳其慈濟志工展開境內敘利亞難民援助行動，為難民發放食物、毛毯等物資，並自12月起為蘇丹加濟市極貧困的難民家庭，提供冬季燃料費及生活補助。

2015.01 慈濟與土耳其蘇丹加濟市政府、敘利亞難民教師合作，設立滿納海學校，讓敘國難民孩童繼續就學。

2015.01 慈濟泰國分會透過慈濟美國總會與美國國務院簽訂合作備忘錄，自本月起，每月一次為曼谷地區的國際難民舉辦義診。

2015.08 德國左斯特慈濟志工為瓦爾斯泰因當地三個難民收容中心的難民舉辦德文課程，協助他們融入德國社會。

2015.09 奧地利維也納慈濟志工開始為中東及非洲等地難民供應熱食。

2015.10 臺灣「慈濟援助敘利亞難民關懷團」前往土耳其，為敘利亞難民發放生活物資、補助金，並致贈文具予滿納海學校學生。

2016.03 慈濟首度於塞爾維亞展開難民援助行動，在難民收容所發放冬衣與熱食。

2016.03 慈濟約旦分會與札塔里難民營內的A.M.R.診所合作，開始為營內罹患無肛症、疝氣、扁桃腺腫大等急重症病童提供醫療費用。

2016.03 慈濟土耳其聯絡處於會所一、二樓設立義診服務中心，為土耳其第一個以敘利亞難民為主要服務對象的義診中心。

2016.03 加拿大本拿比市慈濟志工與愛德蒙社區小學合作，為即將入住該社區的敘利亞難民家庭，發放生活物資。

2016.03 義大利佩魯賈、羅馬、威尼斯及德國法蘭克福等地慈濟志工合作，為義國中部小鎮佩魯賈的難民中心發放生活物資。

2016.11 慈濟臺灣本會發起「四大志業合和互協募心募款小王子認養行動」，為約旦敘利亞難民兒童籌募善款。

2016.12	歐洲慈濟志工第二度於塞爾維亞為難民發放冬衣，臺灣本會亦運送一千八百公斤香積飯及配料，讓塞國難民委員會統籌發放。
2016.12	慈濟約旦義診發放團為約旦境內的敘國難民舉辦五場義診及四場物資發放。
2017.02	慈濟為塞爾維亞境內難民發放內衣褲及休閒服，另捐贈洗衣機、烘衣機予難民使用，並自2月中旬起，每日為歐普難民營提供食物援助。
2017.03	加拿大多倫多慈濟志工與多倫多阿拉伯社區中心合作，為難民發放食物及禦寒用品。此外，亦首次參與愛靜閣社區服務協會發放活動，提供食用油予難民家庭。
2017.05	約旦與臺灣慈濟志工前往馬夫拉克省，探訪由約旦慈善組織為敘利亞難民孩童開設的進修學校，與校方簽約援助該校一年租金，並為孩童發放文具用品。
2017.05	歐洲慈濟志工於塞爾維亞為難民發放夏裝，此次發放的三千六百件夏裝全由塞爾維亞當地實業家捐贈。
2017.06	慈濟印尼分會關懷雅加達地區國際難民，於美國基督教國際救育會的青少年難民庇護所，發放大米、泡麵等物資，並前往各社區為二百多戶難民家庭送上物資。
2017.09	慈濟於土耳其蘇丹加濟市設立滿納海學校，借用土耳其學校校舍讓敘利亞難民孩童就學，至本年共有六個校區，為讓學生能自在、安心讀書，遂承租大樓作為新校舍，於本月啟用。

* 備註：根據1951年聯合國通過的《難民地位公約》第1條的規定，難民是指因種族、宗教、國籍、特殊社會團體成員或政治見解，而有恐懼被迫害的充分理由，置身在原籍國領域外不願或不能返回原籍國或受該國保護的人（資料來源：維基百科）。慈濟關懷對象亦包括為脫離武裝衝突、暴力等事件被迫離開習慣居住地，而未跨越國家邊境的境內流離失所者（internally displaced people, IDP）。

敘愛：雖然無法給予他們完整的救助，
但我們給予他們的是完全的愛

2018年1月初版　　　　　　　　　　　　　　　　定價：新臺幣580元
有著作權‧翻印必究
Printed in Taiwan.

編者／何日生	
策劃／賴睿伶	編輯主任　陳　逸　華
編輯群／林如萍、羅世明、黃基淦、褚于嘉	叢書編輯　黃　淑　真
圖文協力／沈冠瑛、陳宜淨、沈昱儀、王藝君、	黃　榮　慶
慈濟基金會人文真善美志工	封面設計　黃　宏　穎
資料來源／慈濟全球資訊網、慈濟月刊、大愛電視、	校　　對　馬　文　穎
志為人醫	內文構成　洪　素　貞

出　　版　　者　聯經出版事業股份有限公司	總編輯　胡　金　倫
地　　　　　址　新北市汐止區大同路一段369號1樓	總經理　陳　芝　宇
編輯部地址　新北市汐止區大同路一段369號1樓	社　長　羅　國　俊
叢書編輯電話　(02)86925588轉5322	發行人　林　載　爵
台北聯經書房　台北市新生南路三段94號	
電　　　　　話　(02)23620308	
台中分公司　台中市北區崇德路一段198號	
暨門市電話　(04)22312023	
台中電子信箱　e-mail：linking2@ms42.hinet.net	
郵政劃撥帳戶第0100559-3號	
郵撥電話　(02)23620308	
印　　刷　　者　文聯彩色製版印刷有限公司	
總　經　銷　聯合發行股份有限公司	
發　　行　　所　新北市新店區寶橋路235巷6弄6號2樓	
電　　　　　話　(02)29178022	

行政院新聞局出版事業登記證局版臺業字第0130號

國家圖書館出版品預行編目資料

敘愛：雖然無法給予他們完整的救助，但我們給予
他們的是完全的愛/何日生編．賴睿伶策劃．初版．臺北市．
聯經．2018年1月（民107年）．304面．17×23公分
ISBN　978-957-08-5064-2（平裝）

1.佛教慈濟慈善事業基金會　2.社會福利　3.敘利亞

548.126　　　　　　　　　　　　　　　　106023650